TITRES

ET

Travaux Scientifiques

DU

Docteur PAUL FOUCAULT

POITIERS
IMPRIMERIE DU POITOU
22, RUE DE LA MARNE, 22

1926

TITRES

ET

TRAVAUX SCIENTIFIQUES

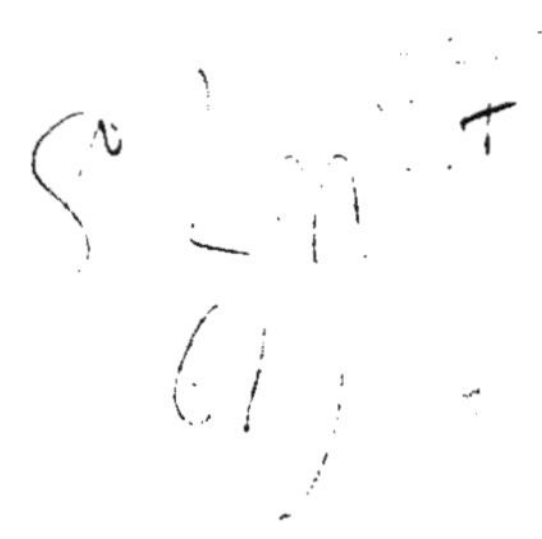

TITRES

ET

Travaux Scientifiques

DU

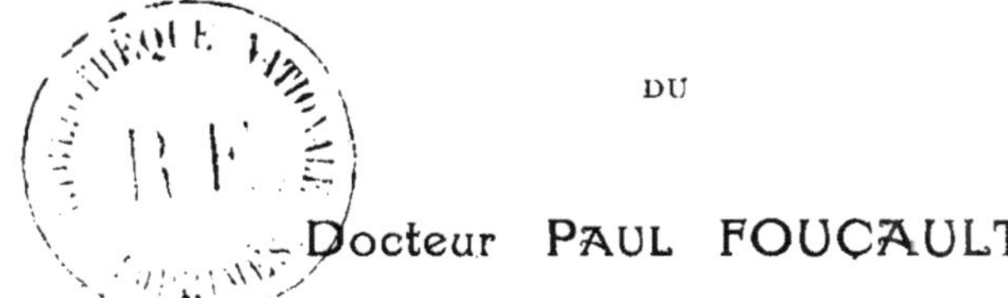

Docteur PAUL FOUÇAULT

POITIERS
IMPRIMERIE DU POITOU
22, RUE DE LA MARNE, 22

1926

TITRES

EXTERNE DES HOPITAUX DE PARIS
(MARS 1914)

INTERNE TITULAIRE DES HOPITAUX
DE PARIS (FÉVRIER 1921)

DOCTEUR EN MÉDECINE (JANVIER 1924)

CHIRURGIEN ADJOINT DES HOPITAUX
DE POITIERS (JUIN 1924)

CHEF DE CLINIQUE CHIRURGICALE
A L'ÉCOLE DE MÉDECINE DE POITIERS
(MAI 1924)

CHEF DE TRAVAUX PRATIQUES D'ANATOMIE
ET DE PHYSIOLOGIE
A L'ÉCOLE DE MÉDECINE DE POITIERS
(NOVEMBRE 1925)

TRAVAUX SCIENTIFIQUES

OCCLUSIONS INTESTINALES
ET COUDURES ILÉALES

Thèse de Doctorat, Paris, 1924, 91 *pages (Analyse parue dans le* Journal de Chirurgie, *t. XXIV, n° 5, novembre* 1924, *p.* 601, *J. Dumont*).

Les coudures iléales peuvent être classées en deux grandes catégories :

1° Les unes d'origine nettement inflammatoire sont dues à des adhérences plus ou moins récentes, à des gangues inflammatoires étranglant la lumière intestinale, emprisonnant et paralysant l'intestin. Ces coudures sont le plus souvent causées par des lésions inflammatoires de la région iléo-cæcale, en particulier de l'appendice ; dans d'autres cas, moins nombreux peut-être, la lésion inflammatoire originelle siège au niveau des organes contenus dans le petit bassin ou dans le mésentère. Dans tous les cas, ce qui caractérise ces lésions, c'est qu'elles sont plus ou moins diffuses.

2° Les autres, plus intéressantes et dont la nature a été plus discutée, semblent cependant aussi consécutives à des infections atténuées, mais longtemps répétées, chroniques, du carrefour iléo-cæco-appendiculaire ou des annexes droites. Ces affections retentissent à la longue sur les séreuses viscérales et pariétales, sur le mésentère ; elles provoquent des adhérences, des brises dont l'aspect est variable. La bride dite « de Lane » n'est peut-être qu'une modalité de ces néoformations.

Il est difficile de faire un tableau d'ensemble et de réunir dans une même description les différentes variétés d'occlusion aigüe par coudures iléales et il convient plutôt d'en signaler un certain nombre de types cliniques :

1° Occlusions par coudures iléales dans l'appendicite aigüe. — Elles peuvent survenir en deux périodes ou bien immédiatement, dans les jours qui suivent la crise aiguë, ou bien tardivement dans le mois, les années suivantes.

Les occlusions, dans le premier cas, peuvent être provoquées par un processus de péritonite plastique, de péritonite suppurée, localisée ou encore par l'appendice lui-même. Les occlusions tardives résultent de la rétraction cicatricielle des néomembranes. Alors que dans les occlusions précoces, le début du syndrome est insidieux, masqué par les signes de la réaction péritonéale concomitante, dans les occlusions tardives, on se trouve en présence du tableau classique : début brutal, douleur abdominale violente, vomissements, arrêt complet des matières et des gaz, etc...

2° Occlusions par coudures iléales dans l'appendicite chronique. Ici, il s'agit de lésions qui ont une évolution beaucoup plus lente et beaucoup plus insidieuse. Aussi, la crise d'occlusion est-elle précédée par une longue phase où l'on remarque des troubles de l'état général, de l'amaigrissement, des troubles dyspeptiques, puis des signes plus caractéristiques d'occlusion incomplète : douleurs abdominales, météorisme, nausées, constipation suivie de débâcle diarrhéique ; enfin, au bout d'un certain temps — 6 mois, 2 ans — le premier accident aigu de la maladie apparaît et c'est une complication grave : l'iléus. Le pronostic de cette forme est sérieux, en raison de l'état d'anéantissement des malades au moment où éclate la crise d'occlusion aiguë.

3° Coudures iléales et occlusions par lésions bacillaires. L'histoire clinique des occlusions consécutives aux autres péritonites chroniques, fibro-adhésives, tuberculeuses ou autres est absolument comparable aux occlusions dues à une appendicite chronique. Souvent leur diagnostic causal est difficile.

4° Il convient d'en rapprocher également les coudures et occlusions par mésentérite rétractile (Mauclaire).

5° Les brides dites « de Lane » peuvent-elles entraîner des accidents d'occlusion aiguë ? Oui, si l'on s'en rapporte à l'observation unique d'Illingworth. En règle générale ces brides provoquent surtout des troubles chroniques — indigestions répétées, troubles de stase intestinale chronique — au milieu desquels éclatent de temps en temps de véritables crises rappelant celles de l'appendicite ou « de petit iléus » passager.

6° Coudures iléales et occlusions post-opératoires. Elles sont fréquentes à la suite des interventions intrapéritonéales sur l'appareil génital de la femme, surtout celles qui ont nécessité le drainage, le tamponnement à la Mikulicz ; dans d'autres cas, il faut incriminer les adhérences anormales à des surfaces cruentées à des moignons opératoires : d'où la nécessité de la péritonisation. Enfin, on admet qu'il faut faire jouer un rôle important aux coudures par brides et au spasme. Parmi ces brides, les unes sont de date récente et leur nature inflammatoire ne fait aucun doute : les occlusions qu'elles entraînent sont absolument superposables aux occlusions consécutives aux opérations pour appendicite aiguë. D'autres cas, beaucoup plus intéressants, surviennent alors qu'il n'existe que des lésions discrètes et anciennes des annexes ayant provoqué autrefois une adhérence intestinale anormale du ligament genito-mésentérique ; cette adhérence a amené une coudure de l'iléon terminal, coudure encore accrue par la position de Trendelenburg, le refoulement des anses intestinales par les champs opératoires, la traction exercée par les fils de ligature et de péritonisation ; que l'on ajoute à ces différentes causes mécaniques un facteur physiologique tenant aux troubles de motricité des tuniques intestinales, tels qu'on les observe presque constamment à la suite des interventions abdominales, et l'on conçoit que l'occlusion aiguë viendra compliquer la coudure qui jusque-là ne s'était que peu ou pas manifestée cliniquement. Aussi faut-il toujours vérifier l'état de l'iléon après une intervention abdominale et surtout pelvienne et supprimer toutes les coudures en sectionnant les adhérences.

Agir sur la cause qui a provoqué l'occlusion et assurer l'évacuation du contenu intestinal, telles sont les deux indications fondamentales de tout traitement logique de l'occlusion.

1° S'agit-il d'une occlusion par adhérences inflammatoires aiguës ou récentes ? Il faut, avant tout, s'adresser à la lésion causale à la péritonite localisée qui lui a donné naissance et c'est par l'évacuation aussi parfaite que possible du pus que l'on pourra le mieux s'opposer à la formation des adhérences. Il faut ensuite s'adresser à l'occlusion et assurer l'évacuation du contenu intestinal. L'entérostomie est la seule opération logique, peu choquante, rapidement exécutée. Mais comme elle doit porter sur le grêle, il faudra faire ultérieurement la cure radicale de l'anus artificiel.

2° S'agit-il d'une occlusion iléale par bride ancienne, bien organisée ? Il faudra sectionner les adhérences, réséquer les brides, et libérer l'iléon. Si l'on a des doutes sur la tonicité de l'intestin, on pourra y ajouter une entéro-anastomose, ou, si l'etat du malade exige une intervention peu choquante, une simple entérostomie susceptible de vider rapidement le contenu toxique de l'intestin.

Le traitement prophylactique ne devra pas être perdu de vue : résection des brides iléales, avec greffes séreuses, au cours des interventions pour appendicite chronique ou pour « fausse appendicite », vérification de l'iléon après toute intervention abdominale.

ILÉUS BILIAIRE

Archives Médico-Chirurgicales de Province. — Mai 1924

Une femme de 63 ans entre à l'hôpital le 10 février 1922 pour des accidents d'occlusion intestinale datant de 3 jours. Le 6 février, la malade avait eu une diarrhée considérable, survenue brusquement sans cause apparente.

Le lendemain, elle commence à vomir, à éprouver des douleurs abdominales ; la diarrhée fait place à la constipation.

Le surlendemain, l'état général est assez bon, mais la persistance des vomissements et l'arrêt des matières et des gaz déterminent son envoi à l'hôpital. A son entrée, je constate que la malade a un facies coloré non ictérique ; sa température est à 37°,5, son pouls bat à 85 ; elle se plaint de douleurs vagues dans l'abdomen ; les vomissements bilieux sont abondants. L'arrêt des matières et des gaz dure depuis deux jours.

L'abdomen est souple, un peu ballonné mais sans péristaltisme, sans anse météorisée. Un renseignement de haute valeur m'est fourni par la palpation : la présence de deux zones douloureuses, l'une dans la région sous-hépatique au niveau de la zone vésiculaire, l'autre dans la région para-ombilicale droite sur la ligne bisiliaque. Pas de cadre côlique, pas de dilatation du cæcum, rien au toucher vaginal et rectal.

Je porte le diagnostic d'occlusion intestinale à siège iléal, mais il m'est impossible d'en préciser la cause.

Laparotomie sous-ombilicale, après rachi (6 centigr. de novocaïne). Des anses grêles, distendues, apparaissent.

Je me dirige aussitôt vers l'angle iléo-cæcal, et à 20 centimètres de cet angle, je trouve l'intestin contracté sur un corps dur, difficile à mobiliser.

Après fermeture partielle de la paroi, je pratique une *entérostomie* sur le grêle, *au niveau du calcul,* après incision longitudinale de la paroi intestinale. Le calcul une fois extrait, je rétrécis en partie l'anus ainsi constitué, et je place un drain qui pénètre dans le segment afférent ; il s'écoule ainsi au dehors une quantité considérable de liquide fécaloïde.

Les jours qui suivent l'opération, l'amélioration se produit : plus de vomissements, pouls meilleur, abdomen parfaitement souple. Je retire le drain 48 heures après.

Le lendemain, la malade émet des gaz par l'anus, puis des matières.

Je fais la semaine suivante deux tentatives de fermeture de l'anus ; à la troisième, il ne persiste plus qu'un léger suintement, qui disparaît par la suite. Guérison.

La malade est revue l'année suivante à la radio. Il n'existait aucune sténose intestinale au niveau de l'iléon.

Voici donc une observation d'iléus biliaire terminée par la guérison. Le fait est assez rare pour qu'il mérite d'être relaté.

Il s'agit en effet d'une affection de pronostic redoutable, et si l'iléus biliaire est une des plus graves complications de la lithiase, il est aussi l'une des formes les plus sérieuses de l'occlusion intestinale.

Ici tout semble paradoxal : longue tolérance de l'organisme envers un calcul biliaire volumineux, passage insidieux du corps étranger des voies biliaires dans le tube digestif, bénignité apparente du tableau clinique, simplicité de l'intervention, et cependant gravité du pronostic, car grosse mortalité post-opératoire.

La discussion de la Société de chirurgie en 1921 a bien mis ce fait en valeur, et depuis que l'on s'occupe de cette question, il semble que l'on ait fait bien peu de progrès dans l'amélioration des résultats :

Wising en 1886 accuse 74 p. 100 de mortalité ;
Kirmisson et Rochard, en 1892 : 75 p. 100 ;
Gailliard en 1895 : 67 p. 100 ;
Raymond en 1896 : 64 p. 100 ;
Papin en 1913 : 56 p. 100.

Sur les 24 cas apportés à la tribune de la Société de Chirurgie, on comptait 17 morts, soit une mortalité de 70 p. 100.

Depuis, quelques cas ont été relatés dans la littérature française et étrangère (cas de Capette, mai 1923, de Picard, janvier 1923, de Thomson, octobre 1923, d'Henrichsen, mars 1923).

Tous ces cas se sont terminés par la mort, sauf celui d'Henrichsen et le nôtre, qui ont d'ailleurs subi la même thérapeutique ; nous reviendrons sur ce point dans le chapitre du traitement.

Il est donc bien établi à l'heure actuelle que l'iléus biliaire est une affection redoutable. L'étude des différents chapitres de cette occlusion permet-elle d'expliquer la gravité du pronostic, et de préciser le mode de traitement qu'il convient d'appliquer en pareil cas ?

C'est ce que nous allons essayer d'exposer ici.

Dans l'*étiologie,* deux notions capitales doivent être

mises en valeur : la notion d'âge et la notion de terrain.

L'iléus biliaire survient *chez des individus âgés,* ayant dépassé la cinquantaine en général.

D'après Naunyn, on en aurait observé :

26 cas de 40 à 50 ans.

45 cas de 50 à 60 ans.

25 cas de 60 à 70 ans.

12 cas au-dessus de 70 ans.

Moynihan place le maximum de fréquence à 50 ans ; Naunyn, à 55 ans, Daraignez, à 60 ans.

Dans les trois quarts des cas il s'agit de *femmes,* ainsi qu'il est de règle, au cours des diverses manifestations de la lithiase biliaire. Toutefois l'âge de ces malades ne diffère pas essentiellement de celui auquel l'on observe d'autres accidents d'obstruction intestinale ou d'étranglement herniaire.

Il faut donc faire intervenir d'autres éléments.

La notion du *terrain* est d'une importance capitale. L'iléus biliaire est un accident *tardif* au cours de la lithiase, et de longs mois, sinon de longues années, se passent avant que le calcul soit devenu trop volumineux pour être expulsé par les voies naturelles, avant que des adhérences se soient produites entre la vésicule et le tractus intestinal, avant qu'une fistule s'établisse, suffisamment large pour livrer passage au corps étranger.

Tout ce travail préparatoire de formation du calcul, d'adhérences, de poussées de péricholécystite, de fistule cystico-intestinale qui a demandé dans une observation d'Eve 7 à 8 ans, s'accompagne presque fatalement d'une infection atténuée de l'arbre biliaire, d'un certain degré d'angiocholite qui finit par avoir un retentissement sur la cellule hépatique elle-même. Comme chez tous les lithiasiques anciens, le foie est touché et l'insuffisance hépatique pour n'en être que latente n'en existe pas moins.

L'établissement de la fistule, la large communication établie entre la vésicule et le tube digestif, ne peuvent qu'accroître les risques d'infection ascendante des voies biliaires et de leurs ramifications intra-hépatiques.

Ainsi s'explique la fragilité de tels malades. La barrière hépatique devient insuffisante au moment où l'iléus se constitue et où les toxines passent bruquement dans le torrent circulatoire. Cette insuffisance hépatique est accrue encore par l'action des anesthésiques sur le foie ; s'il est bien démontré que le chloroforme est un poison du foie, il n'en est pas moins vrai que l'éther est, lui aussi, toxique pour la cellule hépatique, et Tuffier a pu décrire, après l'éthérisation, des lésions comparables à celles qui suivent la chloroformisation.

Au cours même de la rachianesthésie par la stovaïne, ou la novocaïne, on a signalé, rarement il est vrai, des cas d'ictère.

En somme, l'iléus biliaire survient chez des femmes âgées, dont le foie est touché assez pour opposer une barrière insuffisante aux toxines auto ou hetérogènes.

Parmi les autres facteurs de gravité il en est un d'une importance capitale : nous voulons parler du *siège* de l'occlusion, qui lui-même dépend le plus souvent du siège de la fistule.

Le calcul en effet, n'emprunte que tout à fait exceptionnellement la voie biliaire principale. Pinardi a trouvé dans l'intestin un calcul gros comme une noix sans qu'il y ait de communication entre le duodénum et la vésicule.

Wolff, Smith et Lindner ont fait les mêmes constatations, mais ils ont trouvé à l'autopsie la cicatrice d'une fistule ancienne, et il convient, à ce propos, de faire remarquer la longue tolérance du tube digestif vis-à-vis de pareils calculs probablement enclavés dans la paroi intestinale.

Dans la règle, le calcul suit une *voie de migration anormale* grâce aux adhérences qui s'établissent entre la vésicule et un segment du tube digestif.

Très rarement, la fistule est cystico-gastrique : 3 cas sur 35 d'après Daraignez. Le calcul passe dans l'intestin ou est rejeté par vomissement.

Rarement, la fistule est cystico-côlique, 5 cas sur 35 (*loc. cit.*) ; dans ce cas, l'évacuation spontanée par l'anus est fréquente, parfois cependant le calcul s'arrête dans l'S iliaque.

Le plus souvent, la fistule est *cystico-duodénale* (28 sur 35 cas, Daraignez). Le calcul reste rarement dans le duodénum ou le jéjunum. En règle générale, il s'arrête au niveau de l'*iléon* (3/4 des cas environ), à 20 ou 40 centimètres de la valvule iléo-cæcale.

Cette zone d'arrêt du calcul s'expliquerait, d'après Sappey, par ce fait que l'intestin grêle représente un entonnoir allongé ayant 35 millimètres de diamètre au duodénum, et 20 millimètres à la valvule iléo-cæcale. Le calcul se trouve à un certain moment bloqué par le rétrécissement progressif de la lumière intestinale.

Cette hypothèse est démentie par les faits. Des calculs peu volumineux, dont le calibre était inférieur à celui de l'intestin, ont provoqué des occlusions.

On a admis qu'il y avait alors refoulement de la muqueuse, et bourrelet valvulaire déterminé par le calcul.

En réalité, il faut faire état du *spasme intestinal* qui vient surajouter ses effets à ceux de l'élément mécanique. Ce spasme est presque constamment noté dans les observations. Dans celle de Thiriar « le calcul, de la grosseur d'un petit œuf, était enclavé dans l'intestin qui était hermétiquement contracté sur cette pierre ; aux deux extrémités on voyait deux véritables sphincters qui empêchaient le calcul d'avancer ou de reculer. J'incisai couche par couche sur une étendue de 6 centimètres, de façon à extraire le calcul ; celui-ci fut spontanément expulsé par la contraction intestinale, dès que l'ouverture fut complète. Puis l'intestin revint sur lui-même de façon à présenter l'aspect d'un véritable rétrécissement organique » (Galliard).

L'existence de ces spasmes immobilisant le calcul et obturant la lumière intestinale, ne peut donc être mise en doute. Or il est à remarquer que le calcul est justement arrêté au niveau de la terminaison du grêle, sur la structure particulière duquel des recherches récentes ont attiré l'attention. Plus que tous les segments de l'intestin grêle, l'iléon possède une riche musculature circulaire, formant des anneaux sphinctériens de contracture, véritables « cœurs intestinaux », servant à renforcer les contractions et à s'opposer à la régurgitation côlique.

D'autre part, Keith et Martin Flack ont mis en évidence la disposition spéciale des plexus nerveux iléaux. Il existe là un « tissu nodal » comparable au tissu nodal cardiaque, où les cellules nerveuses sont en continuité directe avec la fibre musculaire.

Les riches plexus d'Auerbach sont, par leurs ramifications, en relation intime avec la cellule musculaire voisine ; ils constituent un centre moteur local recevant les impulsions excito-motrices soit du sympathique, soit de l'appareil parasympathique du vague.

Ainsi, au niveau de l'iléon plus que partout ailleurs, la présence du calcul dans la lumière intestinale provoquera une contracture spasmodique entretenue par les petites ulcérations de la muqueuse et l'irritation des filets nerveux sous-muqueux.

En somme, et c'est là encore un facteur considérable de gravité, l'occlusion par calcul biliaire est une occlusion haute, *une occlusion du grêle*. On sait que la stercorémie est d'autant plus grave que l'obstacle possède un siège plus élevé.

S. Pringle a montré tout récemment (*The Lancet*, vol. CCV., juillet 1923), que, chez le chien, la mort survenait :

En 28 jours, s'il s'agissait d'un obstacle rectal ;

En 14 jours, s'il était cæcal ;

En 7 jours, s'il était iléal ;

En 2 jours, s'il était duodénal.

L'histoire clinique de l'iléus biliaire ressemble d'ailleurs point pour point à celle de toutes les occlusions hautes de l'intestin.

La lithiase biliaire, qui, chez de tels malades, a une allure si latente, si insidieuse, voit brusquement son évolution modifiée par une complication très grave évoluant avec une rapidité parfois foudroyante.

Que l'on ne s'attende pas à retrouver dans les antécédents de tels malades des crises douloureuses à type de colique hépatique, des poussées d'ictère avec décoloration des matières, des vomissements, de la fièvre. Ces accidents ne se sont pas produits, ou bien ont été oubliés, et ce n'est parfois qu'après avoir reconnu à l'intervention la cause de l'occlusion que l'on sera amené à « extraire de la mémoire » des malades des renseignements qui auraient pu mettre sur la voie du diagnostic.

Quelques symptômes précurseurs méritent une certaine attention : ce sont de petites hémorragies intestinales prémonitoires (Körte), parfois un véritable melæna (Morrisset). Chauffard signale au moment de la perforation, une douleur suivie d'un besoin impérieux de défécation. Le malade a une selle « formidable », qui va précéder l'arrêt des matières et des gaz.

Un signe très important, mais extrêmement rare,

sera le rejet d'un calcul, par vomissement, quelques jours avant la crise d'occlusion (Abbe) ou au moment même de la crise (Petit, de Niort). La constatation de facettes sur un tel calcul devra faire penser à la présence d'autres calculs, qui étaient en contact avec celui qui aura été expulsé. Et il sera logique de rapporter les accidents actuels d'occlusion aux calculs restés dans la vésicule. Quant aux crises douloureuses qui précèdent l'occlusion, elles sont inconstantes ; leur symptomatologie reste flou, et leur mécanisme est encore incertain.

En somme, il est rare que l'on soit, au début des accidents qui vont survenir, aiguillé rapidement vers le diagnostic, et par conséquent vers la sanction chirurgicale que comporte l'iléus biliaire. Il y a donc là encore un facteur de gravité important, puisque l'acte opératoire risque d'être retardé.

Quand l'iléus survient, il revêt le type d'occlusion du grêle, à évolution sournoise, mais rapide. La douleur à siège péri-ombilical est peu marquée ; très rarement, le malade accuse la sensation d'un corps étranger qui se déplace (Mayo, Marott). Dans l'observation de Weiller, le malade accuse des phénomènes douloureux qui, partis du flanc droit, suivent le trajet du gros intestin et se terminent par l'expulsion spontanée d'un calcul. Il s'agit là de faits exceptionnels, sur lesquels on aurait tort de compter.

Les vomissements sont précoces, abondants, bilieux, puis rapidement fécaloïdes. L'arrêt des matières et des gaz ne s'opère pas d'emblée, ni d'une façon absolue. Tout d'abord la diarrhée prémonitoire peut persister quelque peu (cas de Robert Monod, *Soc. chir.*, 22 juin 1921) ; d'autre part, on peut observer des formes *à étages, à répétition,* l'occlusion définitive ne se constituant qu'après 4 ou 5 crises de sub-occlusion (David, Maclagan). Enfin, même dans les cas où l'occlusion est définitive, on peut assister à l'arrêt des matières, mais non des gaz (obs. de Charbonnel, de Naunyn, de Maclagan, de Delagénière).

Il en résulte donc des retards, ou des erreurs de diagnostic ; dans l'observation de Monod, « l'émission des matières très liquides fait momentanément abandonner l'hypothèse d'une occlusion ». Dans celle de Thomson, la persistance des gaz fait retarder l'intervention.

Les signes locaux restent longtemps trompeurs : ventre souple, peu ballonné, sans anse météorisée, sans ondes péristaltiques nettes, sans matité dans les flancs. Il ne faut pas compter sur la perception d'un corps dur, mobile sous la paroi abdominale ; tout au plus pourra-t-on localiser le maximum douloureux dans la région para-ombilicale droite.

Les signes généraux sont très variables.

Pendant les 2 premiers jours, l'état général est très satisfaisant, et c'est encore là une condition désastreuse qui retarde encore l'intervention.

A partir du 3e jour, brusquement, l'état général s'altère, et d'une façon irrémédiable. La scène est dominée par les phénomènes de collapsus, avec hypothermie, rapidité et irrégularité du pouls, anurie, adynamie, altération du facies.

La mort survient à partir du 5e jour, l'intervention ayant été pratiquée le plus souvent trop tard, après le 3e jour, au moment où les phénomènes d'intoxication sont apparus déjà, d'une façon évidente.

A côté de cette forme habituelle d'iléus biliaire, dont le pronostic est si grave, il faut citer :

Une forme suraiguë, avec syndrome de sténose sous-vatérienne, et dilatation aiguë de l'estomac.

Et une forme lente, avec syndrome de sténose colique ; l'évolution est ici beaucoup plus favorable, et on peut parfois espérer l'émission spontanée du calcul par l'anus.

2

Tels sont les éléments de gravité tirés de l'étude du tableau clinique : occlusion du grêle, à symptomatologie trompeuse, à évolution rapide et fatale.

On conçoit toutes les erreurs de *diagnostic* possibles avant que le tableau de l'occlusion soit confirmé ;

Erreurs dans le *diagnostic différentiel* avec tous les syndromes douloureux abdominaux : colique appendiculaire, colique hépatique, colique néphrétique, perforation viscérale, gastrique, duodénale ou autre, péritonite généralisée. Ces erreurs tiennent surtout, chez les malades atteints d'iléus biliaire, à l'imprécision des symptômes observés, à l'absence d'un des signes capitaux de l'occlusion complète tels que l'arrêt des matières, à la bénignité apparente du tableau clinique.

Erreurs dans le *diagnostic de cause et de siège* parce qu'on retrouve rarement chez ces malades des antécédents hépatiques nets, parce que les signes de localisation manquent habituellement ; le météorisme localisé, les ondes péristaltiques, les points douloureux fixes sont en général absents, ou très difficilement appréciables.

Dans la majorité des cas on pourra cependant éliminer les *occlusions du gros intestin* qu'il s'agisse d'un volvulus ou d'une sténose néoplasique, à cause de l'absence d'un certain nombre de signes : météorisme en cadre, dilatation cæcale, vomissements tardifs, arrêt complet des matières et des gaz, état général longtemps conservé. Par contre, on ne pourra que très difficilement éliminer les autres causes d'*occlusion de l'intestin grêle,* qu'il s'agisse d'étranglement par bride, par diverticule, par hernie interne, par volvulus sur l'axe mésentérique, par compression extrinsèque, et surtout par corps étrangers intestinaux.

Rappelons, en effet, à ce propos, que les corps

étrangers intestinaux sont de nature très diverse. Chez les vieux constipés chroniques on pourra penser à une boule fécale durcie (Villar). Plus exceptionnellement, on envisagera l'hypothèse d'une helminthiase intestinale, surtout si des vers ont été rendus antérieurement soit par vomissements, soit par les selles. Dans des cas très rares on a affaire à d'autres corps étrangers. M. Mauclaire en 1912 rapportait un cas d'occlusion provoqué par une centaine de noyaux.

MM. Marquis et Souligoux, en 1912, en rapportaient un autre cas dû à la présence de 600 noyaux de cerises.

Pour lever tous ces doutes la radiographie « à vide » serait d'un utile secours, si elle était toujours praticable et si les renseignements qu'elle fournit étaient constants. Mais l'image d'un intestin en état d'occlusion est d'une interprétation difficile, et d'autre part il n'est pas toujours possible de déceler la présence du calcul, son degré de visibilité étant proportionnel à sa teneur en sels calcaires.

Au total, les difficultés du diagnostic positif, différentiel et étiologique constituent autant de facteurs de gravité de l'iléus biliaire, car de la précocité et de la précision du diagnostic dépendent souvent les résultats du traitement.

Le *traitement* de l'iléus biliaire découle logiquement des différents éléments du problème que nous venons d'exposer.

Dans un certain nombre de cas d'occlusion incomplète, le *traitement médical* a été appliqué, et le calcul a été spontanément expulsé (Chauffard, Leclerc, Monod, Guérin). Bien que les cas traités médicalement n'aient pas tous abouti à des succès (60 p. 100 de mortalité) on ne peut nier l'effet heureux provoqué par certains médicaments, la belladone, l'atropine, d'une part, l'opium, la morphine, d'autre part.

Delagénière a vu sa malade rendre le calcul par l'anus après une injection de morphine, alors qu'il se disposait à l'opérer. Maclagan aurait eu par cette méthode plusieurs succès.

Dans tous les cas c'est une médication logique et anodine qui doit être mise en œuvre au début des accidents.

Mais, quand l'occlusion est confirmée, le seul traitement rationnel est le *traitement chirurgical.*

Le choix de l'*anesthésie* nous paraît être un point important. Le chloroforme et l'éther sont trop toxiques pour être employés chez des sujets âgés, dont le foie est taré, et qui sont en état d'occlusion.

Le protoxyde d'azote pourrait être indiqué chez ces malades. Nous pensons que la rachianesthésie est d'un emploi plus simple et plus général.

On a montré récemment, d'ailleurs, que la rachi constituait le meilleur traitement de l'occlusion spasmodique.

Cette rachianesthésie ne sera pratiquée qu'après les injections de strychnine et de caféine habituelles ; on évitera ainsi à la fois les phénomènes trop marqués de dépression et de shock post-anesthésique, et d'autre part les effets toxiques des anesthésiques généraux. Enfin quand après la rachi, la sangle abominale est bien relâchée, le palper explorateur peut rendre des services précieux pour la localisation du calcul (Guibal). D'après Schüller cette recherche aurait été positive dans 20 cas sur 150.

L'*incision* de choix est la laparotomie médiane sous-ombilicale. Dès que l'incision est faite, il faut éviter l'issue des anses dilatées hors du champ opératoire, toute manipulation inutile, tout brassage dangereux de l'intestin. L'éviscération étendue du grêle, suivie de la réduction souvent pénible des anses intestinales, constitue une des manœuvres les plus schokantes qui soient. Contrairement à Daraignez (thèse Bordeaux, 1921), nous pensons que les grandes incisions sus et sous-ombilicales, pratiquées d'emblée, sont dangereuses et prédisposent à l'issue de la masse intestinale.

Rien n'empêche, au cours de l'intervention, de prolonger l'incision si le besoin s'en fait sentir.

L'incision une fois pratiquée, il faut explorer d'emblée l'iléon, et, en partant de l'angle iléo-cæcal, remonter vers le jéjunum jusqu'à ce que l'on trouve le corps étranger. S'il est arrêté, comme d'habitude, à 20 ou 40 centimètres de la valvule de Bauhin, cette exploration aura pu se faire avec douceur, sans manœuvres schokantes.

Quelle sera maintenant la conduite du chirurgien : entérectomie, entérotomie, entérostomie ?

L'entérectomie doit être formellement rejetée, à moins qu'elle ne soit commandée par des lésions très graves de sphacèle, avec menace de perforation intestinale. La rapide évolution de la maladie ne laisse pas en général le temps à de pareilles lésions de se constituer.

La résection intestinale suivie d'anastomose termino-terminale a, d'ailleurs, été rarement pratiquée.

Les résultats sont déplorables.

Sur 5 observations, on ne trouve qu'une guérison (Wortmann, *Deutsche med. Wochen.*, 1921, p. 506).

La majorité des chirurgiens pratiquent *l'entérotomie suivie de suture immédiate* de l'intestin et de la paroi abdominale. L'entérotomie transversale avec suture transversale (Delagénière, Wilm, Mathieu) est préférable à l'entérotomie longitudinale, suivie de suture longitudinale ou transversale.

Malgré la simplicité de cet acte opératoire, les statistiques n'en accusent pas moins une mortalité formidable : 70 p. 100.

Mais ce qui est frappant, c'est que parmi ces cas guéris, un certain nombre d'entre eux ont vu s'établir dans les jours qui ont suivi l'intervention, soit spontanément (Charbonnel, Petel), soit à l'occasion du drainage abdominal (Alglave), une *fistule stercorale*, qui s'est fermée secondairement, sans autre incident.

Picard (de Douai), après avoir constaté une amélioration passagère après l'entérotomie pratiquée au 6e jour, voit les accidents reprendre au 7e, et fistulise à ce moment le grêle, une amélioration très nette se produit au 8e jour, mais la stercorémie était trop avancée et la malade meurt au 9e jour.

Cette intéressante observation se termine ainsi. « Si grave que soit un anus sur le grêle (quitte à le refermer rapidement), il semble bien que cette conduite puisse, dans certains cas, tout au moins, modifier favorablement le pronostic opératoire. Elle permet une évacuation mécanique de l'anse, diminue l'intoxication, et permet aux tuniques intestinales de reprendre leur tonicité. C'est notre impression personnelle, et c'est également celle qui se dégage de la lecture des cas publiés, dont quelques-uns ont guéri précisément par l'établissement spontané d'un anus. »

M. le professeur Marion a pratiqué en 1910 la fistulisation du grêle pour un iléus biliaire ; Sümmers la conseille ; Leriche et Cotte la font, si la stercorémie est intense ; quant à Korte, il la pratique systématiquement.

Dans le cas d'Henrichsen (*Hospitalstidende*, 21 mars 1923), l'entérostomie fut pratiquée, et la guérison survint malgré un sphacèle étendu de la paroi.

Dans notre cas nous avons également pratiqué l'*entérostomie*. Le calcul est ainsi extrait hors du ventre après fermeture partielle de la paroi. L'anse ouverte est abouchée à l'orifice ménagé dans la paroi ; c'est le moyen le plus rapide de lutter contre la stercorémie, d'assurer la vidange de l'intestin et de s'opposer aux effets de l'iléus dynamique.

Si l'on a soin de pratiquer sur l'intestin une ouverture aussi petite que possible, de refermer la fistule très précocement, dans les jours qui suivent l'opération, on observe des guérisons que l'entérotomie seule n'aurait pu peut-être obtenir.

Il ne faut pas exagérer les dangers des fistules stercocales portant sur le segment terminal du grêle, qui guérissent souvent aussi bien que des fistules du cæcum.

Exception faite pour les calculs très haut situés, jéjunum ou duodénum où l'entérotomie avec fermeture doit être préférée à tout autre mode opératoire, il semble donc que, pour les calculs arrêtés au niveau de l'iléon, l'entérotomie suivie de suture est une opération illogique et vaine, puisque l'iléus dynamique superpose ses effets à ceux de l'iléus mécanique.

Cette intervention rend compte en grande partie de la mortalité post-opératoire ; elle doit être suppléée par l'*entérostomie* pratiquée au niveau du calcul et suivie de la fermeture précoce de la fistule.

Il est évident qu'au moment des accidents d'occlusion, l'intervention doit se borner au traitement de l'iléus ; mais il n'est pas illogique, ainsi que le suggère Delagénière, de pratiquer secondairement une intervention sur les voies biliaires, soit pour enlever un second calcul, soit pour obturer la fistule duodénale. La cholécystectomie secondaire avec suture de la brèche intestinale seule permet de mettre le malade à l'abri de nouveaux accidents.

Le *traitement prophylactique* ne doit pas être perdu de vue ; c'est en enlevant précocement les calculs et la vésicule qui les contient, que l'on peut éviter les graves accidents de migration si souvent observés au cours de la lithiase biliaire.

Bibliographie

HARTMANN, *Chirurgie des voies biliaires*, 1923.

PICARD, Occlusion par calcul biliaire. *Phare Médical*, janvier 1923.

CAPETTE, Calcul ayant entraîné une occlusion aiguë. *Société chirurgie*, 29 mai 1923.

ALGLAVE, Discussion *Soc. Chirurgie Paris*, 24 mai 1921.

BRAU-TAPIE, Discussion *Soc. Chirurgie Paris*, mai 1921.

BAUMGARTNER, Discussion *Soc. Chirurgie Paris*, 17 mai 1921.

BAUDET, Discussion *Soc. Chirurgie Paris*, 31 mai 1921.

BÉRARD, Discussion *Soc. Chirurgie Paris*, 7 juin 1921.

DELBET, Discussion *Soc. Chirurgie Paris*, 17 mai 1921.

DUJARIER, *Bulletin Soc. Chirurgie Paris*, 8 mars 1921.

GRÉGOIRE, *Discussion Soc. Chirurgie Paris*, 17 mai 1921.

HALLOPEAU, Discussion *Soc. Chirurgie Paris*, 17 mai 1921.

LENORMANT, Trois cas d'iléus biliaire. *Soc. Chirurgie Paris*, 7 juin 1921.

MARION, Volumineux calcul retiré de l'intestin. *Soc. Chirurgie Paris*, 31 mai 1921, 25 mai 1910.

MATTHIEU, Discussion *Soc. Chirurgie Paris*, 15 juin 1921.

MOCQUOT, Discussion *Soc. Chirurgie Paris*, 24 mai 1921.

MICHON, *Bulletin Soc. Chirurgie Paris*, 31 mai 1921.

MAUCLAIRE, Discussion *Soc. Chirurgie*, 7 juin 1921.

OCKINCZYC, Discussion *Soc. Chirurgie*, 17 mai 1921.

PETIT, Occlusion intestinale par calcul biliaire. *Soc. Chirurgie Paris*, 17 mai 1921.

QUÉNU, Discussion *Soc. Chirurgie*, 17 mai 1921.

SOULIGOUX, *Bulletin Soc. Chirurgie Paris*, 1er juin 1920, 17 mai 1921.

SCHWARTZ, Discussion *Soc. Chirurgie Paris*, 15 mai 1921, 7 juin 1921.

TUFFIER, Discussion *Soc. Chirurgie Paris*, 17 mai 1921.

THIÉRY, Discussion *Soc. Chirurgie Paris*, 31 mai 1921.

VILLAR, Discussion *Soc. Chirurgie Paris*, 7 juin 1921 ; — Occlusion par calcul biliaire. *Journal de médecine de Bordeaux*, 1918 ; *Gazette hebdomadaire des sciences médicales de Bordeaux*, 4 septembre 1921.

BÉGOUIN, Obstruction intestinale par calcul. *Journal de médecine de Bordeaux*, 1918, p. 50 ; *Gazette hebdomadaire des sciences médicales de Bordeaux*, 1918, p. 110 ; 4 septembre 1921.

BÉRARD, *Presse médicale*, 1er janvier 1921.

CHARBONNEL, Iléus biliaire. *Soc. médecine et chirurgie de Bordeaux*, 3 juin 1921 ; *Gazette hebdomadaire des sciences médicales de Bordeaux*, 4 septembre 1921.

DUPONT, *Thèse Bordeaux*, 1920.

DELAGENIÈRE, Indications opératoires dans l'iléus biliaire. *Annales internationales de chirurgie gastro-intestinale*, t. VII, n° 2, avril 1913.

GAILLARD, Iléus par calcul biliaire. *Presse médicale*, 1895, p. 185

A.-C. GUILLAUME, *Occlusions aiguës et subaiguës de l'intestin*. Masson, 1921.

DARAIGNEZ, *Thèse Bordeaux*, 1921.
KIRMISSION et ROCHARD, Iléus biliaire. *Archives générales de médecine*, 1892.
LERICHE et COTTE, De l'iléus biliaire. *Gazette des Hôpitaux de Paris*. 1908.
MICHELEAU, Occlusion par calcul biliaire. *Gazette hebdomadaire des Sc. méd. de Bordeaux*, 1913, pp. 15-20.
PAUCHET, Traitement de l'occlusion intestinale. *Presse médicale*, 1917, p. 468.
PAPIN, *Thèse Paris*, 1913-14.
ROGER, Rôle de l'auto-intoxication dans l'occlusion. *Presse médicale*, 4 janvier 1911.
VIGNARD, *Gazette médicale de Nantes*.
LECLERC, Calcul biliaire expulsé spontanément par l'anus. *Soc. Chirurgie*, 9 août 1916.
POUZET, Un cas d'occlusion par calcul biliaire. *Arch. prov. de chir.* Paris, 1892, t. I, p. 184.
GUÉRIN, Iléus biliaire. *Lyon médical*, juillet 1919, p. 325.
MONISSET, Deux calculs biliaires expulsés par une fistule cystico-côlique. *Lyon médical*, 7 septembre 1913, p. 381.
HENRICHSEN, Iléus biliaire. *Hospitalstidende*, 21 mars 1923, n° 12.
THOMSON, Iléus biliaire. *The British medical Journal*, n° 3275, 6 octobre 1923.
PRINGLE, Causes de la mort dans l'occlusion. *The Lancet*, n° 5211, juillet 1923.
WORTMANN, Six cas d'iléus biliaire. *Deutsche med. Woch.*, 1921, p. 506.
SCHULLER, *Gallenstein als Ursache der Darm-obstruction*. Inaug. Diss., Strasbourg, 1891.
LOESTEIN, Zur Kasuistik der Gallenstein Iléus. *Beit. z. Klin. Chir. Tubingen*, t. XIII, p. 406.
HERMANN, *Uber Gallenstein ileus*. (Inaug. Dissert., Iena, 1901).
BARNARD (Harold), Intestinal obstruction due to gall-stones. *Annals of surgery*, Philad., 1902, t. XXXVI, p. 161.
NAUNYN, *Klinik der cholelithiasis*, 1892.
NORDMANN, Trois cas d'iléus biliaire. *Soc. de chirurgie de Berlin*, 7 juillet 1909.
REHN, De l'occlusion par calcul biliaire. *XXVIII° Congrès allemand de chirurgie*.
SUMMERS (Omaha), L'entérostomie dans le traitement de l'occlusion intestinale. *Surg. Gyn. and Obst.*, 1921, n° 5.

VOLVULUS DU CÆCUM

Archives Médico-Chirurgicales de Province, Mars 1924

On a l'habitude de ranger sous le nom de volvulus du cæcum des lésions fort disparates, et avant d'aborder les différents chapitres de cette étude, il est nécessaire de s'entendre sur la valeur même des termes employés couramment pour désigner cette affection.

Si le terme de volvulus du cæcum est excellent au point de vue clinique, il l'est beaucoup moins au point de vue anatomo-pathologique, et il convient d'apporter quelque précision à cet égard.

On doit, à notre avis, nettement séparer du volvulus du cæcum les cas de *bascule* du cæcum autour d'un axe transversal ou oblique, passant au-dessous de la valvule de Bauhin. Il y a là *transposition* et non torsion du cæcum.

A l'opposé de ces cas, il faut éliminer également les torsions étendues de tube digestif, dont le cæcum est le centre, et qui intéressent une grande partie du grêle et du gros intestin à la fois. Il s'agit dans ces cas de *volvulus de l'anse vitelline* (Guibé).

Le terme de volvulus de cæcum ne doit s'appliquer qu'aux cas moyens : mais encore faut-il remarquer que le cæcum n'est pas seul en cause. Dans la règle, toute la portion ascendante du gros intestin est intéressée, le cæcum, aussi bien que le côlon ascendant, en même temps qu'un segment plus ou moins considérable d'iléon.

Alors que la limite supérieure du volvulus est difficile à préciser, sa limite inférieure est au contraire très nette. Elle est située à l'union de la portion mobile et de la portion fixe du gros intestin, parfois à la partie moyenne du côlon ascendant, dans la règle au niveau de l'angle côlique droit.

Cet angle, solidement maintenu par le ligament phréno-côlique droit, constitue le point fixe autour duquel les différents mouvements de rotation, de translation, de torsion intestinale pourront s'effectuer.

Le volvulus revêt d'ailleurs un type tout particulier, et son mécanisme mérite d'être précisé.

Il faut distinguer, en effet :

Un mouvement de *rotation* du cæco-côlon autour de la charnière de l'angle côlique, associé à un mouvement de *translation* autour de l'insertion du mésocôlon ascendant, qui a pour effet :

a) de rendre horizontal le segment vertical du gros intestin :

b) de transporter le fond du cæcum de la fosse iliaque droite dans la fosse iliaque gauche, la zone para-ombilicale, ou même l'hypocondre gauche ;

c) ce mouvement a surtout pour effet de fermer l'angle côlique droit, d'accoler, en canon de fusil, côlon ascendant et côlon transverse, d'effacer la lumière intestinale, et d'entraîner une striction limitée de la paroi intestinale. C'est à cet endroit que siégera le sillon de sphacèle, déterminé par le ligament phréno-côlique droit qui joue ici le rôle d'un véritable agent d'étranglement, et que le chirurgien devra sectionner quand il voudra réduire le volvulus.

A ces mouvements de rotation et de translation s'associe un mouvement de *torsion* autour de l'axe du gros intestin.

Cette rotation sur l'axe intestinal, caractéristique du volvulus du cæcum, se fait le plus souvent dans le sens des aiguilles d'une montre (deux tiers des cas).

Dans un tiers des cas, elle est incomplète (de 180 degrés) :

Dans les deux tiers des cas, elle est complète (de 360 degrés) ; très exceptionnellement de deux tours et plus.

Dans ces derniers cas, la torsion du cæco-côlon a comme conséquence l'*enroulement* du grêle autour du cæcum.

Cet enroulement, d'abord lâche, permettant la perméabilité du grêle et le passage du contenu du grêle dans le gros, peut devenir serré, par suite de la distension extrême du cæcum. Il se forme alors un véritable nœud intestinal autour du cæcum.

L'enroulement du grêle entraîne une torsion de la partie correspondante du mésentère, de telle sorte que celui-ci forme une bride dont la tension est accrue encore par le poids des anses grêles surdistendues par le contenu intestinal qui y est accumulé.

Ainsi, au cours des torsions de 360 degrés qui se font dans le sens des aiguilles d'une montre, le cæco-côlon est en avant du mésentère, derrière la paroi abdominale ; l'iléon décrit un cercle entier autour du cæcum pour déboucher sur sa face interne.

Le volume de l'anse tordue est tout à fait caractéristique. Enorme, bosselé, gros comme un bras, comme une cuisse, il est comparé tantôt à un estomac dilaté en amont d'une sténose pylorique, tantôt à une tête d'enfant, ou d'adulte. Dans notre observation le volumineux réservoir cæcal contenait 4 litres : constatation importante, la valvule de Bauhin restait suffisante.

Cette dilatation extrême est associée à un amincissement extrême des parois. Dans l'observation de Lagoutte, « au moment où l'on extériorise le cæcum, la séreuse trop tendue éclate avec bruit ».

Les lésions de sphacèle prédominent en généra,l au niveau de l'angle sous-hépatique, et n'apparaissent que tardivement (7e, 9e jour).

Il y a peu de lésions vasculaires et mésentériques ; toutefois, on signale la thrombose des vaisseaux mésentériques (cas de Kraske) ; d'autre part, les adhérences inflammatoires, ou encore l'épaississement, la rigidité de la corde mésentérique peuvent s'opposer à la détorsion (Lapeyre).

Il existe en général une certaine réaction péritonéale ; il faut savoir qu'elle peut survenir après la détorsion. Lapeyre insiste sur sa fréquence et sa gravité. Nous aurons d'ailleurs l'occasion de revenir sur ce point, en montrant qu'elle est souvent due à des lésions de sphacèle méconnues. Au total, le volvulus cæcal possède des caractères bien spéciaux, qui l'opposent aux autres volvulus intestinaux, en particulier au volvulus du côlon sigmoïdien, et l'en différencient nettement.

Il y a ici rotation autour de la charnière colique et torsion sur l'axe intestinal, contrairement au volvulus iliaque qui procède par torsion sur l'axe mésentérique, avec enroulement réciproque des deux segments afférent et efférent de l'anse tordue.

Les conséquences d'une telle torsion sont bien différentes dans les deux cas. Alors que dans le volvulus iliaque, les lésions vasculaires sont prédominantes, et entraînent rapidement le sphacèle de la totalité de l'anse tordue, dans le volvulus cæcal, au contraire, les lésions vasculaires sont discrètes en général, et les lésions de sphacèle sont le plus souvent localisées à la charnière colique : ce qui domine ici, ce sont les troubles de la motricité du volumineux réservoir cæcal : c'est l'atonie du côlon aux parois surdistendues, au revêtement muqueux profondément altéré.

Les causes du volvulus cæcal sont complexes, comme celles de tout vice de position intestinal.

On a incriminé l'alimentation défectueuse, en particulier le régime végétarien qui prédisposerait à la distension de cette portion initiale du gros intestin. Spassokoukotzky incrimine les périodes de jeûne alternant avec des périodes d'alimentation trop copieuse.

A ce point de vue les habitants de certains pays froids, en particulier des provinces baltiques, seraient spécialement atteints ; et il est classique d'opposer la fréquence de l'affection en Russie, à sa rareté dans nos pays.

Faltin, en 1900, réunissait 30 cas presonnels de torsion du cæcum (sur 152 cas d'occlusion intestinale) et Guibé en 1907, relevait sur 471 observations étrangères d'occlusion par volvulus, 78 cas de cette affection. En France, au contraire, les observations publiées dans la littérature sont très peu nombreuses puisque nous ne relevons que 16 cas : ceux de Legueu et Broca (1897), de Bérard, Delore (1899), deux de Frœhlich (1901), un de Mériel (1906), un de Cavaillon et Devoye (1907), un de Mounier (1909), deux de Delagenière (1910), deux de Lapeyre (1910), un de Lecène (1910), de Lenormant (1910), de Lagoutte (1910), de Gourdet (1910), de Viguier (1913).

Nous ajoutons à cette liste une observation personnelle.

Nous pensons que cette affection n'est pas aussi rare que le laisse supposer le petit nombre d'observations publiées, et il n'est guère de chirurgiens qui ne puissent en citer un ou deux cas dont ils ont été témoins. Par contre, il est moins fréquent qu'aucun autre volvulus intestinal, Guibé donne la proportion suivante : 5 volvulus sigmoïdes, pour 3 volvulus de grêle, et 1 volvulus cæcal. — Duroux donne la même statistique.

A part l'alimentation, et la race, les conditions d'âge et de sexe semblent n'avoir que peu d'influence ; on l'observerait plus fréquemment peut-être chez l'homme, à l'âge adulte.

En réalité, la condition nécessaire, essentielle, celle qui domine toute la question des torsions cæcales, c'est *l'absence totale ou partielle de l'accolement* normal du mésocôlon ascendant au péritoine pariétal.

La cause première du vice de position réside donc dans une malformation congénitale ; le cæco-côlon reste libre, flottant, maintenu par un meso, dont la racine s'étend de l'angle sous-hépatique à l'extrémité du mésentère, lui-même très court.

A cette cause s'associent d'autres facteurs secondaires en date, mais non moins importants.

La dilatation cæcale. — La fonction du cæcum et du côlon ascendant est unique en son genre. C'est le seul segment d'intestin qui soutienne des matières semi-solides contre l'action de la pesanteur, et les propulse verticalement contre cette force. Pour accomplir cette fonction, il est indispensable que le côlon soit bien fixé.

Dans le cas contraire, le côlon doit se contracter plus longtemps, plus fréquemment, pour chasser son contenu ; la musculature intestinale s'affaiblit, et dès lors c'est le cercle vicieux, la dilatation cæcale favorisant la stase, et le poids des matières aggravant l'élongation du cæcum.

Au stade ultime, on se trouve en présence d'un mégacôlon partiel, acquis, à parois dilatées, différent du vrai mégacôlon congénital à parois hypertrophiées.

La coudure côlique joue également un rôle primortial, et pour Grégoire, ce n'est pas la malfaçon de l'accolement qui produit la dilatation cæco-côlique, mais les angulations et coudures qui se forment à cause d'elle.

La coudure constitue un obstacle incomplet qui gène le cours des matières et fatigue la musculature côlique, comme se fatiguent et se distendent l'estomac ou la vessie, derrière un obstacle incomplet du pylore ou de l'urètre (Grégoire).

Arbuthnot Lane a depuis longtemps montré qu'au niveau des angles côliques, et « en particulier au niveau de l'angle sous-hépatique, il peut exister des coudures très aiguës, accrues par le poids et la dilatation du côlon ascendant, qui peuvent produire l'occlusion complète ou entraîner le volvulus aigu ou chronique du cæcum ».

Au total, le volvulus apparaît comme la conséquence logique de la mobilité cæco-côlique.

Dans un premier temps, le côlon se coude ; dans un deuxième temps, il se dilate ; dans un troisième temps, il se tord.

Toutefois, si la mobilité cæcale est la condition nécessaire du volvulus, elle n'en est pas la condition suffisante ; ainsi s'explique la rareté du volvulus comparée à la fréquence du cæcum mobile.

Quelle est donc cette condition déterminante ? On a successivement incriminé :

1) Les traumatismes efforts musculaires, contractions violentes de la paroi ;

2) La grossesse qui modifie la topographie intestinale et favorise la stase intestinale ;

3) Les tumeurs pelviennes et abdominales qui agissent probablement suivant le même processus ;

4) Les hernies également coïncident avec des volvulus cæcaux ; les hernies volumineux ombilicales, en général (cas de Küttner, cas de Cohn) ; paraduodénale gauche (cas de Desplas).

La stase intestinale, d'ailleurs, qu'elle soit une cause ou une conséquence de la dilatation cæcale, est constamment notée dans les antécédents des malades. La constipation chronique est entrecoupée de débâcles diarrhéiques, soit spontanées, soit provoquées par des lavements ou des purgations qui ne font qu'accroître le contenu intestinal et provoquent brusquement des spasmes dangereux.

L'étude clinique de la maladie ne se résume pas, en général, à celle d'une simple occlusion intestinale aiguë.

Depuis plusieurs mois, plusieurs années, la constipation avec débâcles diarrhéiques, puis les crises douloureuses côliques s'installent progressivement, traduisant la *dilatation douloureuse du côlon droit* (Grégoire). La douleur siège du côté droit de l'abdomen, mais est diffuse et variable, contrairement à celle de l'appendicite qui est fixe et limitée.

Un degré de plus, les accidents de subocclusion apparaissent alors, douleurs abdominales, nausées, vomissements, constipation s'installent pendant plusieurs jours. Ces faits correspondent à ce que Klose appelle « la torsion habituelle du cæcum mobile ».

Puis apparaissent les accidents aigus du volvulus.

La *symptômatologie* du volvulus du cæcum mérite d'être précisée, car elle est essentiellement trompeuse, et se traduit par des signes locaux d'interprétation tellement difficile que Haussman sur 65 observations avait relevé 58 erreurs de diagnostic.

Voici d'ailleurs un exemple des difficultés devant lesquelles le chirurgien peut se trouver.

OBSERVATION PERSONNELLE. — Mme L..., née F..., ménagère, âgée de 45 ans, entre le 17 septembre 1922, à l'hôpital de la Pitié, avec le diagnostic d'occlusion intestinale aiguë datant de 4 jours.

Depuis une dizaine d'années, elle se plaignait de crises

douloureuses abdominales, avec nausées, vomissements, ballonnement du ventre, puis débâcles diarrhéiques.

Le 13 septembre, elle est prise brusquement de violentes douleurs abdominales, puis de vomissements, de ballonnement du ventre ; les matières et les gaz se suppriment.

A son entrée, le facies de la malade est coloré, l'aspect général assez satisfaisant ; la malade ne souffre plus ; le pouls bat à 90, la température est à 38°,4. Il existe une discordance frappante entre ces symptômes, et ceux que l'on observe à l'examen de l'abdomen : le ventre est énorme, météorisé, non contracturé.

Des ondes péristaltiques se dessinent sous la paroi.

A gauche de la ligne médiane, au niveau de l'ombilic, je trouve une masse élastique rénitente, mobile dans le sens transversal se dirigeant obliquement en haut et à droite.

Le bruit de clapotage est très facilement perçu : tympanisme à la percussion ; légère matité dans les flancs.

Au toucher vaginal, j'arrive sur une tumeur arrondie, dure, refoulant le col utérin contre la symphyse, le rectum contre le sacrum, et emplissant le cul-de-sac postérieur.

La limite supérieure de la tumeur est difficilement perçue à cause du météorisme abdominal.

Je fais le diagnostic suivant : occlusion intestinale aiguë par compression, due à un kyste de l'ovaire.

Le siège de l'occlusion est localisé au niveau de la zone recto-sigmoïde. Je note toutefois que le signe de Laugier semble en défaut, car il n'y a pas de dilatation en cadre.

Rachianesthesie.

Laparotomie médiane sous-ombilicale. Je refoule les anses grêles distendues, et je découvre dans le petit bassin un kyste dermoïde de l'ovaire gauche, du volume d'une tête d'enfant.

Extériorisation et ligature du pédicule du kyste.

Je constate alors que le côlon sigmoïde est vide, ce qui était impossible à vérifier, avant l'extirpation du kyste.

Je prolonge l'incision vers le haut ; je trouve alors le cæcum et le côlon ascendant énormes, très dilatés, tordus de 360 degrés dans le sens des aiguilles d'une montre. Ils sont presque horizontaux, le fond du cæcum est dans l'hypocondre gauche et l'angle sous-hépatique est fermé à angle très aigu.

Je vérifie l'état de l'intestin à ce niveau, libère l'angle colique, et je détords ; il n'y a pas de lésions intestinales ni mésentériques sérieuses.

Après fermeture de l'incision médiane, en un plan, je pratique une courte incision latérale droite, et une appendicostomie.

Trois jours suivants amélioration sensible et progressive de l'état général ; l'évacuation des matières et des gaz se rétablit quatre jours après l'intervention.

Six semaines après, hémicolectomie droite avec implantation termino-latérale du grêle dans le transverse. Suites normales. Guérison.

L'intérêt de cette observation réside dans la coexistence du volvulus cæcal et du kyste de l'ovaire enclavé dans le petit bassin.

On retrouve cette association du volvulus avec une tumeur pelvienne, dans l'observation de Gourdet (de Nantes), où il s'agissait d'un gros fibrome.

Elle montre les difficultés devant lesquelles le clinicien peut se trouver, elle permet enfin de préciser certains symptômes du volvulus cæcal, et en particulier les phases évolutives de l'affection.

On peut en effet, d'après la lecture des observations, distinguer trois phases essentielles, caractéristiques du volvulus cæcal, et qui ne se montrent avec autant de netteté en aucune autre forme d'occlusion intestinale.

La 1re *phase, de début,* est marquée par la douleur brutale, atroce, violente, arrachant des cris au malade.

Son *siège* est typique ; alors que dans les crises antérieures, le malade souffrait au niveau de la fosse iliaque droite, quand le volvulus est constitué, la douleur *n'est plus dans la fosse iliaque droite,* mais dans la région ombilicale, ou para-ombilicale gauche, ou dans la fosse iliaque gauche, et même au niveau de l'hypochondre gauche.

Elle irradie plus particulièrement vers l'hypochondre droit, parfois le dos (von Manteuffel).

Elle augmente dans le décubitus ltaéral droit ; elle diminue dans le décubitus latéral gauche et dans la position verticale (Faltin).

Puis apparaît le cortège habituel de toute occlusion intestinale : les nausées, les vomissements et l'arrêt des matières et des gaz, signe capital ; notons toutefois que certains auteurs (Littlewod, Zuckerkandl), signalent des cas où les gaz ont pu passer ; dans des cas plus exceptionnels encore il y avait de la diarrhée (Schwartz, Schreiber).

Les signes locaux sont extrêmement nets à cette période ; le météorisme localisé siège *à gauche* de la ligne médiane, entraînant une asymétrie de l'abdomen. C'est une masse ovoïde, rénitente ou élastique, peu mobile transversalement, douloureuse à son pédicule.

Elle est horizontale ou oblique à droite et en haut.

A la partie supérieure de l'anse dilatée on trouve du tympanisme, à sa partie inférieure de la matité, du clapotage, des bruits hydroaériques. Les mouvements péristaltiques s'observent presque toujours (Rutkowski).

Le toucher vaginal ou rectal n'est mentionné que dans bien peu d'observations. Dans deux cas, il a décelé la présence d'un kyste de l'ovaire et d'un fibrome ; Faltin rapporte que dans quelques cas (7 p. 100) on pouvait arriver à sentir le fond du cæcum, donnant la sensation d'une tumeur régulière, arrondie et rénitente.

Quant aux symptômes généraux, ils sont assez marqués : facies anxieux, tiré par la douleur ; pouls accéléré à 100, température à 38° : et surtout dépression générale.

Cette phase, qui correspond à la phase de torsion et de lutte intestinale contre l'obstacle, dure en général 48 heures.

La 2e *phase*, absolument caractéristique du volvulus cæcal, s'étend du 3e au 5e jour.

C'est la phase de *rémission trompeuse, la phase intermédiaire* à la période douloureuse du début, et à la période terminale de stercorémie. A ce moment on peut encore opérer avec chances de succès, mais le chirurgien doit tenir compte de cette sédation apparente et trompeuse de l'état général, que l'on retrouve si souvent dans les observations.

Dans le cas de Cavaillon, on note :

A la 24e heure : mauvais état général, pouls filant, facies grippé.

A la 48e heure : amélioration de l'état général.

A la 72e heure : aspect général satisfaisant.

Dans l'observation personnelle rapportée plus haut, cette fausse apparence de bon aspect est notée, 4 jours après le début des accidents.

Dans les deux observations de Lapeyre, on note du 3e au 5e jour : « un état général excellent », avec pouls à 90, sans fièvre. Le 6e jour, le « facies est bon ».

Dans l'observation de Lenormant, la malade, le 6e jour, a « un état général très satisfaisant ».

A noter que cette rémission semble indépendante des lésions intestinales, puisque dans un des cas de Lapeyre, il existait des plaques de péritonite avec des taches brunâtres de sphacèle, et du liquide louche dans le ventre.

Ainsi, dans la grande majorité des cas, il existe une rémission remarquable sur laquelle les mémoires publiés jusqu'ici n'ont pas assez insisté. Entrevue par Cavaillon et Lapeyre, elle est passée sous silence par Guibé et les auteurs allemands.

Notons toutefois qu'à côté de la sédation des symptômes fonctionnels et généraux, les signes physiques persistent et s'accentuent même : le météorisme devient considérable, sans cependant masquer complètement l'énorme masse para-ombilicale, sonore, tendue, et clapotante, située à gauche de la ligne médiane, caractéristique du volvulus cæcal.

Dans certains cas (Smith) l'épanchement séro-hématique était suffisamment abondant pour entraîner une erreur de diagnostic (péritonite par perforation viscérale).

La 3e *phase, toxémique*, survient à partir du 6e jour. Sa description n'est plus à faire, car elle ressemble à celle de toutes les occlusions : les vomissements fécaloïdes, l'altération profonde du facies, l'hypothermie, l'accélération du pouls, l'anurie, les hoquets, qui précèdent de peu la mort.

Le *pronostic* de l'affection abandonnée à elle-même est donc terrible et la mort survient, vers le 6e jour, en général ; parfois plus tard : 10e, 14e jour.

Après intervention, les statistiques accusent 40 p. 100 de guérisons, le nombre des cas favorables diminuant sensiblement à partir du 5e jour.

A côté des cas de mort par shock opératoire, la grande majorité des décès est due soit à l'infection de la séreuse péritonéale, soit à l'intoxication générale de l'organisme.

L'énorme poche cæcale constitue en effet un réservoir de toxines hypervirulentes qui peuvent être résorbées en masse, après détorsion, par la muqueuse saine du gros intestin. Elle constitue également un foyer redoutable d'infection du péritoine, par transsudation à travers les parois distendues et altérées du cæcum tordu. Lapeyre a particulièrement insisté sur la gravité et la rapidité d'évolution de cette péritonite.

De tels accidents toxiques et infectieux nous amènent logiquement à penser que la détorsion simple est insuffisante, dans la plupart des cas, et qu'il convient de recourir à un traitement plus approprié à la gravité de la maladie.

Nous ne reprendrons pas les différentes étapes du *diagnostic* de l'occlusion intestinale en général.

Nous insisterons plus volontiers sur le *diagnostic du siège*. En général on confond le volvulus du cæcum avec celui du côlon sigmoïde.

Toutefois dans ce dernier cas, la douleur initiale siège dans la fosse iliaque gauche ; le ventre est asymétrique ; c'est la déformation oblique de Bayer, le ventre étant refoulé à gauche dans sa moitié supérieure, à droite dans sa moitié inférieure. La forme et le siège du météorisme localisé, les résultats du toucher rectal permettent de préciser le diagnostic.

Les occlusions hautes, du grêle, s'accompagnent d'un météorisme localisé péri-ombilical, de vomissements porracés précoces, et de l'atteinte rapide de l'état général.

On a voulu serrer de plus près ce diagnostic et pratiquer des radioscopies « à vide » pour préciser le siège de l'anse météorisée.

On trouve au niveau du segment d'intestin distendu une zone anormalement claire, bien marquée et bien dessinée au-dessus d'une zone d'opacité variable.

Pour reconnaître à quel segment d'intestin on a affaire, A. C. Guillaume dit que : « le gros intestin distendu par les gaz a un contour régulier ; l'iléon distendu possède également des contours réguliers, mais son siège dans l'abdomen est plus central que le gros intestin, et, toutes choses égales d'ailleurs, de dimensions moindres. »

Or c'est précisément là que gît toute la difficulté du diagnostic.

Dans le volvulus du cæcum, le météorisme localisé, perçu cliniquement et radioscopiquement, est central, bien qu'il appartienne au gros intestin.

C'est l'ectopie cæcale qui est à la base de toutes les erreurs de diagnostic, et cette erreur ne semble pas devoir être évitée, si l'on n'a pas soin de pratiquer un lavement baryté.

Le *traitement* du volvulus cæcal est purement chirurgical, et nous pensons que les grands lavements ou les lavements électriques doivent être complètement rejetés dans ce cas.

Le chirurgien a le choix entre deux grandes catégories d'opérations : la détorsion suivie ou non d'intervention complémentaire ; et la résection en un ou deux temps.

La détorsion simple ne peut s'appliquer qu'aux cas bénins de torsion incomplète et aux cas récents datant de quelques heures.

Mais en général, le chirurgien est appelé plus tard, au 3e, au 4e jour, au 5e jour même. Il se trouve alors devant un énorme boudin cæcal, atone, incapable de se vider spontanément ; la simple détorsion est insuffisante, car dans ce cas l'iléus paralytique succéderait à l'iléus dynamique, rendant ainsi vaine l'intervention.

Trois cas peuvent se présenter. *Il n'y a pas de lésions mésentériques, ni intestinales* : il n'y a aucune trace de sphacèle au niveau de la charnière côlique ; la réduction de l'anse tordue est facile, il faut se contenter de *la détorsion* suivie de *cæcostomie* et *d'appendicostomie* ; on évite ainsi les risques d'intoxication par résorption massive, mais on n'évite pas complètement les risques d'infection du péritoine.

Il faut rejeter comme dangereuse la *ponction du cæcum* (obs. de Lecène, de Lagoutte) qui ont cependant donné des succès opératoires ; et comme inutile *l'entéro-anastomose*.

Un certain nombre d'auteurs ont utilisé *l'entéro-anastomose sans détorsion*. Cavaillon a pratiqué une iléo-sigmoïdostomie, Bergmann a pratiqué une cæco-sigmoïdostomie, à cause des adhérences entre le cæcum et le côlon ascendant. Puppel a pratiqué une anastomose entre le côlon ascendant et le côlon transverse. Tous ces cas se sont terminés par la mort.

L'entéro-anastomose après détorsion est également contre-indiquée, car elle ne pourrait être pratiquée qu'entre le cæcum et le côlon sigmoïde, et ne mettrait nullement à l'abri des phénomènes d'intoxication.

Dans une 2e catégorie de faits, le chirurgien se trouve en présence *d'importantes lésions intestinales ou mésentériques.*

Qu'il s'agisse de plaques de sphacèle limitées à la charnière côlique (obs. de Desplas, de Baradouline), ou généralisées à tout le segment tordu (obs. de Lapeyre, 2 obs. de Riese, obs. de Bland Sutton, obs. de Merkens), ou encore qu'il s'agisse de thrombose des vaisseaux mésentériques (obs. de Kraske), la *résection d'emblée* s'impose.

Cette résection suivie *d'anastomose termino-latérale* du grêle dans le transverse, donne d'après les statistiques de Faltin et de Guibé, 33 p. 100 de guérisons. Riese compte 4 guérisons pour 9 résections.

Pour bien apprécier la valeur de ce chiffre il faut tenir compte de la gravité des cas, de l'ancienneté des lésions, et de l'échec constant de tous les autres procédés opératoires.

Reste la troisième catégorie de faits, de beaucoup, peut-être, les plus nombreux. Il s'agit des *cas intermédiaires*, où le chirurgien trouve un volumineux réservoir cæcal, à parois distendues à l'extrême, et ayant perdu toute tonicité ; la vérification de la charnière côlique, la libération de l'angle sous-hépatique, que l'on doit toujours pratiquer, a permis de s'assurer qu'il n'existait pas de sérieuses lésions macroscopiques. Toutefois, à partir du 3e jour, il existe des lésions microscopiques importantes ; la vascularisation de ce segment intestinal est compromise, les risques de péritonite par transsudation sont importants. C'est pourquoi un certain nombre de chirurgiens, et en particulier l'école allemande avec von Manteuffel recourent à la résection toutes les fois qu'après détorsion, le cæcum se présente sous forme d'un énorme sac flasque, sans tonicité.

La résection peut se faire en *un temps* si tout est

favorable (âge du malade, bon état général, instrumentation et entraînement du chirurgien). Elle est toutefois infiniment plus schokante que la résection *en deux temps*. Dans un premier temps, on se contente de détordre le volvulus et d'établir un anus sur le cæcum ou l'appendice. On peut ainsi obtenir une vidange suffisante de l'intestin qui est fixé d'autre part au moyen de cet anus. Dès que l'état général le permet on pratique dans un second temps, la résection, après avoir libéré et suturé en bourse l'anus artificiel.

Le procédé plus lent, mais plus sûr, puisqu'il permet d'éviter à un malade en occlusion aiguë une importante résection intestinale, semble devoir être appliqué dans tous les cas anciens de volvulus complet où le chirurgien ne se trouve pas en présence de lésions évidentes de sphacèle.

En somme les indications de la résection doivent être étendues aux dépens de celles de la détorsion, et l'ancienne formule « la détorsion est l'opération de choix, la résection l'opération de nécessité » n'est plus exacte.

Bibliographie

Grégoire, Dilatation douloureuse du côlon D. *Paris Médical*, n° 4, janvier 1922.

Waugh, Conséquences anatomiques d'un côlon ascendant mobile. *Bulloch. Journal of Surgery*, t. VII, n° 27. *Soc. de Chirurgie*, t. XIV, n° 25.

Viguier, *Société de Chirurgie*, t. XVI, n° 5.

Riese, Volvulus du cæcum et du côlon ascendant. *Réunion des Chirurgiens de Berlin*, juin 1913.

Kuttner, Volvulus du cæcum et du côlon ascendant. *Soc. de chirurgie de Breslau*, 10 juillet 1911.

Quénu, Volvulus du cæcum mobile. *Soc. de Chirurgie*, 27 juin 1906.

Manteuffel, Volvulus du cæcum, *Berliner Wochenschrifh*, 1898.

Cavaillon et Delvoye, *Revue de Gynécologie*, 1906, Volvulus du cæcum.

Kaussmann, *Berlin Klin Woch.*, 1er octobre 1904. Volvulus du cæcum.

Rouhier-Martin, *Lyon Chirurgical*, juillet 1917, t. X. Volvulus du cæcum.

BUNDSCHUCH, *Beitrage zür Klinischen chirurgie*, 1913, t. I, pp. 91-115, Volvulus du cæcum.
JAUKOWSKI, *Deutsche Zeitschrift zür Chir.*, septembre 1913, t. IV. Volvulus du cæcum.
BLAND SUTTON, *Medical Pressand Circular*, 18 septembre 1912. Volvulus du cæcum.
ROZANOFF, *Congrès des Chirurgiens russes*, 1er décembre 1911. Cæcum mobile.
PUPPEL, *Mornischenen für Geburshüpe Gyneko.*, novembre 1911. Volvulus du cæcum.
KLOSE, *Beiträge zur Klinische Chirurgie*, juillet 1911. Volvulus du cæcum.
COHN, *Berliner verbeuschen Wochenschrift*, 28 juillet 1911. Volvulus du cæcum.
RIESE, *Deutsch Medic. Wochenschrift*, 5 octobre 1911. Volvulus du cæcum.
ARBURTHNOTH LANE, *The Britisch Medical Journal*, 22 avril 1911. Volvulus du cæcum.
GAYET et PETIT, *Lyon Chirurgical*, t. V, 1er mars 1911. Volvulus du cæcum.
PYE-SMITH, *The Lancet*, 30 juillet 1910, n° 4535. Volvulus du cæcum.
LENORMANT, *XXIIIe Congrès de l'As. française de Chirurgie*, 3 octobre 1910.
ANSPACH, *Berliner klinische Wochenschrift*, n° 26, 27 juin 1910.
LAGOUTTE, Volvulus du cæcum. *Lyon Chirurgical*, avril 1910.
LECÈNE, Volvulus du cæcum, *Revue de Chirurgie*, n° 1, 10 juin 1910.
KLOSE, Forme habituelle du cæcum, *Müncher Méd. Wochenschrift*, n° 7, 15 février 1910.
LAPEYRE, Deux cas de volvulus du cæcum. *Archives provinciales de chirurgie*, février 1910.
BILLINGTON, *The Lancet*, n° 10, 6 mars 1909. Volvulus du cæcum.
GUIBÉ, *Rev. de Chirurgie*, 1907. Volvulus de l'intestin.
GOURDET, *Congrès de Chirurgie*, 1910. Volvulus du cæcum.
SMITH, *The British Med. Journal*, 20 février 1920. Volvulus cæcal.
GUILLAUME, *Occlusion intestinale*, Masson, 1922.
SANTY, *Lyon Médical*, n° 25, 1921, p. 469. Volvulus intestinal.
BARADOULINE (Moscou), Torsion du cæcum et côlon ascendant. *Chirourgnia*, n° 169. Janvier 1911.
MERKENS, Volvulus cæcal. *Arch. fur Klinische Chirurgie*, t. 95, 1911.
MAZET, Torsions pathologiques du gros intestin et leur traitement. *Thèse Lyon*, 1912.
DUROUX, Torsions du gros intestin. *Revue de Gynécologie et Chirurgie abdominale*, oct., nov. 1912.

LES PSEUDO-KYSTES TRAUMATIQUES DU PANCRÉAS

Gazette des Hôpitaux, n° 90, du 8 novembre 1924

On a confondu longtemps dans un même cadre toutes les formations kystiques du pancréas, aussi bien les kystes vrais, glandulaires, que les faux kystes traumatiques, ou encore les hématomes spontanés du pancréas, ou de l'arrière-cavité des épiploons.

On retrouve en effet cette confusion dans les travaux de Senn (1885), le mémoire de Bœckel (1891), les observations de Heinricius (1897), les thèses de Michel (1898), de Tulasne (1899), où les observations de pseudo-kystes traumatiques voisinent avec celles de kystes spontanés.

Körte, le premier, en 1898, sépare nettement les kystes vrais, glandulaires, des faux kystes, spontanés ou traumatiques, dont le caractère essentiel est l'absence de paroi propre.

Depuis, les observations et les travaux se sont multipliés ; nous ne ferons que citer le rapport de Villar, au Congrès de chirurgie (1905), celui de Guinard à la Société de chirurgie (1908), les thèses de Couture (1910), de Lenoir (1911), l'article de Miginiac (*Revue de chir.* 1919), et l'excellente étude de MM. Mocquot et Costantini (*Revue de chir.* 1923).

Etiologie. — Il s'agit en général d'hommes jeunes, d'adolescents, parfois même d'enfants. La fréquence des traumatismes chez les uns, le défaut de résistance du rebord costal chez les autres, expliquent en partie la possibilité de l'atteinte d'un organe aussi profond, aussi bien protégé que le pancréas.

Dans la grande majorité des cas, les pseudo-kystes ne s'observent qu'à la suite de traumatismes *fermés* et *isolés* du pancréas ; aussi faut-il que l'agent vulnérant ait une forme, une direction, une force vive spéciale pour qu'il puisse atteindre uniquement, ou presque, le pancréas : on invoque en effet souvent les chocs par timon de voiture, par coup de pied de cheval, par coup de guidon de bicyclette, par chute sur un objet dur et saillant.

La glande n'est presque jamais lésée dans sa totalité, mais seulement dans ses segments les plus vulnérables :

Le corps, à cheval sur la saillie vertébrale (60 % des cas).

La têtêe, appliquée sur le plan résistant des apophyses transverses lombaires (30 %).

La queue, à cause de ses connexions avec la rate (10 %).

Anatomie pathologique. — Il est difficile de préciser la nature exacte et l'étendue des lésions anatomiques, qui sont à la base des pseudo-kystes traumatiques du pancréas. On peut admettre que la rupture totale de la glande, avec section complète du parenchyme et des canaux excréteurs ; ou encore que l'écrasement du pancréas avec broiement plus ou moins étendu de la glande, ne constituent pas les lésions initiales des pseudo-kystes.

De telles lésions, en effet, sont le plus souvent accompagnées de contusions viscérales graves et sont incompatibles avec une longue survie ; ils ne donnent pas le temps aux faux kystes de se développer.

Ceux-ci sont en réalité la conséquence de *ruptures partielles, limitées et isolées* du pancréas ; dans plus de la moitié des cas, c'est le corps qui est atteint ; moins fréquemment les lésions portent sur la tête ; celles qui atteignent la queue sont exceptionnelles (Jeannel, Mickulicz).

Des expériences récentes, en particulier celles de MM. Mocquot et Costantini ont prouvé que la résistance des différents tissus contenus dans la loge pancréatique était très inégale. Alors que le tissu glandulaire est très fragile, les canaux excréteurs sont plus résistants ; le canal de Wirsung en particulier voit sa résistance s'accroître à mesure que son calibre augmente. Le cholédoque est rarement sectionné ; enfin les gros vaisseaux spléniques possèdent une résistance toute particulière, et ne sont lésés que dans les traumatismes graves de l'abdomen.

En somme, il faut admettre avec Villar que les pseudo-kystes traumatiques ont pour point de départ une contusion limitée du pancréas, avec section ou écrasement incomplet du parenchyme glandulaire et rupture des canalicules et des capillaires pancréatiques.

Il n'est pas prouvé que la section complète du canal de Wirsung soit nécessaire pour constituer un pareil kyste.

Le cholédoque, les gros vaisseaux juxta-pancréatiques sont en général indemnes, de même que les feuillets fibreux et péritonéaux de la loge pancréatique.

Il convient de faire ici une remarque d'une importance capitale. Bien que l'épanchement intrapancréatique commence à se constituer aussitôt après le traumatisme, le pseudo-kyste semble n'apparaître, et ne devient perceptible, que dans les semaines, sinon dans les mois consécutifs.

On a émis à ce sujet de nombreuses hypothèses, et l'on a invoqué successivement la *nécrose partielle* du pancréas (Garré), l'*autodigestion* de la glande (Morel, Binet et Brocq). Dans ce dernier cas, les ferments pancréatiques activés par la bile, le suc duodénal, ou les germes microbiens, provoquent la désintégration du parenchyme glandulaire, et des vaisseaux intrapancréatiques.

La *digestion progressive du parenchyme nécrosé* a été récemment défendue par MM. Denechau et Gigon ; c'est elle qui « ouvrant canaux et vaisseaux, permet au suc pancréatique et au sang de se répandre autour du foyer nécrotique ; si le péritoine résiste, c'est le pseudo-kyste prévertébral ; s'il est digéré, c'est l'envahissement de la cavité des épiploons. Une réaction défensive réunira les organes de voisinage ; elle limitera le processus ».

MM. Mocquot et Costantini ont fait remarquer à juste titre que le contenu des pseudo-kystes ne semblait guère posséder des propriétés digestives très marquées : on n'observe presque jamais de taches de cytosteatonécrose, et après ouverture du kyste, le liquide est sans action appréciable sur le péritoine.

Ils pensent donc que, dans les pseudo-kystes du pancréas, comme dans les hématocèles rétro-utérines, la collection ne devient perceptible qu'au moment où les adhérences se sont formées, où ses parois ont acquis une certaine consistance, et où des phénomènes de compression ont commencé à apparaître.

Ne doit-on pas également faire intervenir, avec M. le profeseur M. Labbé la *sclérose cicatricielle* qui, se constituant progressivement après le traumatisme, isole ainsi des fragments glandulaires où la sécrétion continue à se faire ?

Le *mode de développement* des pseudo-kystes varie suivant le segment atteint. Lazarus distinguait des formes : *gastro-hépatique, gastro-colique, rétroventriculaire, mésocolique* et *prévertébrale*.

En réalité, il faut distinguer les *quatre variétés* suivantes :

1° Quand la lésion siège au niveau de la *tête*, le pseudokyste se développe à droite de la ligne médiane, dans l'aire du cadre duodénal, au milieu de la loge pancréatico-duodénale, qu'elle distend à l'extrême.

2° Dans les cas où le *col* est atteint, le faux kyste se développe derrière le petit épiploon, au niveau du tubercule omental (Cushing).

3° Les pseudo-kystes qui succèdent aux lésions du *corps* du pancréas se développent sur la ligne médiane, ou à gauche de celle-ci, dans l'arrière-cavité, et tendent à refouler l'estomac en haut, le côlon transverse en bas.

4° Enfin ceux qui se développent au dépens de la *queue*, s'insinuent entre la rate et l'estomac.

Constitution. — Les pseudo-kystes n'*ont pas de paroi propre* ; ils sont limités par le parenchyme glandulaire lui-même, tassé en une coque assez épaisse, tapissée de filaments fibrineux, et de débris jaunâtres pigmentaires : en aucun point on ne trouve d'épithélium de revêtement.

Le contenu est habituellement formé de sang et de liquide pancréatique. Le sang n'est pas coagulé et donne une teinte brunâtre ou jaunâtre au contenu kystique. Parfois le liquide est limpide et il rappelle, par ses propriétés, celles du suc pancréatique normal ; on a attribué les modifications observées à la stagnation du suc pancréatique à l'intérieur du kyste.

La *quantité* de liquide contenu est très variable : 7 litres (Sheele), 3 litres (Auvray), 250 grammes (Graff).

Le liquide contenu dans les pseudo-kystes possèdet-il des propriétés stéatolysantes susceptibles d'attaquer la graisse sous-péritonéale et le péritoine ?

La lecture des observations permet de faire une remarque d'une importance capitale : en aucun cas, il n'est question de taches de cytostéatonécrose sur le péritoine. Or, les recherches récentes, en particulier de Binet, Brocq, Morel, ont permis d'établir le fait suivant : le suc pancréatique ne possède que des proferments, sans propriétés digestives, à moins qu'ils ne soient *activés* par la bile ou le suc intestinal. Or, les conduits biliaires et intestinaux étant, en général, respectés au cours des lésions pancréatiques, origine des pseudo-kystes, il s'ensuit que la digestion *in vivo* de la graisse sous-péritonéale ne peut se produire.

Il n'est même pas prouvé que le suc pancréatique normal puisse provoquer une réaction péritonéale importante (Villar, Cecherelli).

Symptômes. — La symptomatologie des pseudo-kystes traumatiques se répartit en *trois phases* absolument caractéristiques.

Une *première phase,* de *contusion* pancréatique, où l'on retrouve les signes communs à tout traumatisme intéressant l'étage supérieur de l'abdomen.

Une *deuxième phase intermédiaire,* phase essentiellement silencieuse, où le malade se croit guéri, et reprend ses occupations habituelles.

Enfin, une *troisième phase,* de *tumeur,* où brusquement réapparaissent les signes du début, associés à des symptômes nouveaux : tumeur, amaigrissement, altération de l'état général.

1° La PREMIÈRE PHASE ne possède guère de symptômes propres.

On retrouve ici, comme dans la pluplart des traumatismes de l'étage sus-méso-colique de l'abdomen, la *douleur* atroce du début, douleur cœliaque, avec perte de connaissance, pouls imperceptible, pâleur de la face.

Le malade revient vite à lui, et on constate alors une contracture pariétale intense, une sensibilité superficielle et profonde du creux épigastrique ; le facies est angoissé et pâle ; des vomissements surviennent ; mais tout se calme rapidement, et en quelques jours grâce à la glace, au repos, à la diète, les symptômes alarmants des premières heures ont disparu.

Aussi diffère-t-on l'intervention chirurgicale qui avait paru s'imposer au premier abord.

L'évolution des accidents semble, en effet, justifier la temporisation ; l'amélioration survient si rapidement que la surveillance médicale devient moins sévère, et que l'on permet au malade de s'alimenter, de se lever, et même de reprendre ses occupations habituelles.

Cette première phase dure en moyenne *quatre à cinq jours.*

2° La DEUXIÈME PHASE, phase intermédiaire, phase silencieuse, est réellement caractéristique de l'évolution des pseudo-kystes pancréatiques.

Entre la période des accidents contemporains du traumatisme, et celle où apparaissent les signes nets de la tumeur kystique, il s'écoule un certain laps de temps, véritable *intervalle libre,* dont la durée, d'ailleurs, est fort variable.

Cet intervalle libre dure en moyenne huit à trente jours, parfois plus ; dans certaines observations, les accidents sont apparus trois mois, six mois, un an après le traumatisme. Dans des cas tout à fait exceptionnels, c'est au bout de cinq ans, huit ans même que sont apparus les accidents du pseudo-kyste.

Cette phase, très variable en durée, est remarquable par sa latence. Il n'existe aucun signe fonctionnel ou physique attirant l'attention du côté de l'abdomen.

Bien que l'état général reste souvent précaire, que l'amaigrissement augmente chaque jour et que les forces reviennent lentement, le malade reprend en partie son travail lorsque brusquement le tableau clinique change.

3° TROISIÈME PHASE, PHASE DE TUMEUR. — Le premier symptôme qui ouvre la scène varie suivant le siège même du pseudo-kyste.

S'il s'agit d'un kyste développé au niveau du corps du pancréas, son apparition est marquée par des *douleurs* violentes, tantôt continues, tantôt paroxystiques, et rappelant les névralgies cœliaques.

Quand il siège au niveau de la tête du pancréas, ce sont les *vomissements* les premiers en date. Les vomissements sont incessants, presque incoercibles, aboutissant à une intolérance gastrique absolue ; aux vomissements alimentaires succèdent les vomissements bilieux et porracés sans qu'ils deviennent jamais fécaloïdes.

Ils sont dus, en grande partie, à la compression du pylore et du duodénum ; parfois même ils s'accompagnent d'ictère, par compression du cholédoque, d'ascite, par compression de la veine porte. Les douleurs par compression du plexus cœliaque ne surviennent que tardivement.

Mais, dans tous les cas, il est un signe constant, qui ne manque jamais, c'est l'*altération de l'état général*, c'est l'*amaigrissement* brutal, c'est la *cachexie* à marche rapide, avec fonte musculaire des joues, du thorax, des membres. L'abdomen, par contre, est quelque peu ballonné, et l'on voit, soulevant la paroi du creux épigastrique, une masse arrondie, que jusqu'ici l'on n'avait point perçue.

Il s'agit d'une *tumeur* volumineuse, immobile, fixée à la paroi abdominale postérieure, présentant un certain degré de ballottement lombaire, et située très près de la ligne médiane, au-dessus de l'ombilic.

Elle est séparée du rebord du foie par un *sillon*, une dépression nettement perceptible à la palpation ; elle est mate, et sa matité est encadrée par deux zones de sonorité : l'estomac en haut, le côlon transverse en bas.

L'*insufflation* de l'estomac et du côlon transverse le ferait diminuer, sinon disparaître ; ce moyen de diagnostic a été bien rarement utilisé.

Le pseudo-kyste pancréatique ne subit pas les impulsions du diaphragme et reste immuable pendant les mouvements respiratoires ; il possède une rénitence spéciale, parfois même une fluctuation que l'on peut mettre en évidence par la palpation transabdominale.

La *radioscopie* donnerait des renseignements intéressants, si chez un tel malade, on pouvait sans inconvénient, introduire du bismuth dans son tube digestif.

Quel est le retentissement d'un tel kyste sur le fonctionnement pancréatique ?

Bien que peu d'observations fassent mention de ces troubles, on doit remarquer qu'ils sont peu accentués. Les selles sont, en général, diarrhéiques, mais la stéarrhée est peu intense ; les urines contiennent très rarement du sucre ; l'examen du sang ne révèle rien d'anormal.

En somme, il faut retenir qu'en pareil cas, il n'y a pas d'insuffisance pancréatique véritable.

Evolution. — En général, le pseudo-kyste est traité chirurgicalement dès que les symptômes de la troisième phase sont apparus. L'ouverture du kyste, son évacuation, son drainage, permettent de voir rétrocéder les accidents, assez rapidement.

Toutefois, l'amaigrissement persiste longtemps, et ne disparaît qu'au moment où la fistule pancréatique est complètement tarie.

Par contre, abandonné à lui-même, le faux kyste évolue fatalement vers la *cachexie,* ou vers des complications, telles que la *suppuration* ou la *rupture.*

Si la suppuration est une éventualité grave, la rupture, par contre, est un accident relativement bénin. La rupture dans la cavité péritonéale (Le Dentu), détermine des phénomènes de péritonite subaiguë ; celles qui se produisent dans l'estomac (Schala), dans l'intestin (Karewski), constituent un mode de guérison spontanée de la tumeur, qui est, en somme, plus grave par les complications d'ordre général, telles que la cachexie, que par les complications d'ordre local, telles que l'infection, ou la péritonite.

Diagnostic. — En dehors des signes fournis par le laboratoire ou la radioscopie, ceux qui sont tirés de l'examen clinique du malade permettent d'éliminer :

Les *tumeurs rénales* et en particulier les hydro néphroses qui possèdent à la fois le ballottement et le contact lombaires qui ont un siège et une forme caractéristiques et qui présentent une zone de sonorité colique antérieure. Les symptômes urinaires permettent de confirmer le diagnostic.

Les *tumeurs hépatiques* et en particulier les *kystes hydatiques du lobe gauche* qui sont reconnus, d'une part à l'absence de sillon entre la tumeur et le foie, d'autre part aux résultats des examens radiologiques et hématologiques. L'étiologie et l'évolution sont, en outre, tout à fait différents dans les deux cas.

Les *hydrocholécystes,* les grosses vésicules prolabées et flottantes, appendues à la face inférieure du foie, sont mobiles et par suite faciles à distinguer des kystes pancréatiques.

Par contre, les cholécystites entourées d'une épaisse gaine épiploïque, suppurée ou néoplasique, sont plus difficiles à reconnaître en l'absence de tout antécédent ; le diagnostic ne pourra être fait qu'après une exploration physique minutieuse, et en particulier l'état des connexions de la masse avec le foie.

Les *kystes du mésentère* sont médians, mobiles, indolores et recouverts d'une zone sonore sur toute leur étendue.

Les *tumeurs spléniques* ont un siège, une consistance, une évolution toute diffférente.

Les *abcès sous-hépatiques*, les collections dues à une *péritonite enkystée* d'origine gastrique, duodénale, vésiculaire, ne pourront être confondus qu'avec les accidents de suppuration des pseudo-kystes pancréatiques ; ici encore l'étude minutieuse des antécédents, l'histoire de l'affection, les renseignements fournis par la radioscopie permettront d'éliminer ce diagnostic.

En réalité, tous ces diagnostics peuvent être discutés quand le pseudo-kyste survient longtemps après le traumatisme, et que l'on hésite à établir une relation de cause à effet entre l'accident initial e la tumeur épigastrique.

Par contre, quand la notion de traumatisme est encore suffisamment récente, le doute ne peut être permis qu'entre le pseudo-kyste du pancréas et l'*hématome de l'arrière-cavité des épiploons*.

Un tel diagnostic est très difficile à porter cliniquement, car on ne peut affirmer, d'une façon rétrospective, l'existence de la lésion viscérale ou vasculaire qui est à son origine. D'ailleurs Korte, puis MM. Mocquot et Costantini n'ont-ils pas soutenu que, dans ces cas, il y avait toujours une lésion pancréatique associée ? Et n'avons-nous pas vu que bon nombre d' « hématomes de l'arrière-cavité » n'étaient souvent que des pseudo-kystes développés aux dépens du corps du pancréas ?

Traitement. — Le traitement, purement chirurgical, passe par deux phases : évacuer la poche kystique ; traiter la fistule pancréatique.

1° L'évacuation du faux kyste ne doit pas être pratiquée par *ponction,* moyen infidèle, dangereux, et toujours inutile car le kyste se reforme aussitôt après.

L'évacuation doit être réalisée après incision de la paroi : l'ouverture doit se faire au grand jour. Certains auteurs ont préconisé la voie lombaire pour atteindre les kystes de l'arrière-cavité ; cette voie présenterait, en effet, de gros avantages (voie extra-péritonéale, drainage au point déclive).

En règle générale, c'est la *voie antérieure* qui est utilisée ; on pratique, soit une incision médiane, soit une incision latérale, verticale ou coudée ; certains chirurgiens ont dû recourir à des résections costales pour des pseudo-kystes de la queue du pancréas.

La paroi une fois incisée, l'œil et le doigt explorent la tumeur et cherchent un point d'attaque pour en pratiquer l'ouverture qui ne sera faite qu'après une bonne protection de la cavité abdominale.

La présence de nombreux vaisseaux dilatés rend cette incision délicate. Pour les pseudo-kystes développés aux dépens de la tête du pancréas, il faut inciser *au-dessus* du méso-côlon transverse, au centre de l'aire gastro-duodéno-mésocolique. Il existe là une zone avasculaire, approximativement triangulaire, limitée par les vaisseaux coliques droits en bas, les vaisseaux gastro-épiploïques droits en haut et à gauche, les vaisseaux pancréatico-duodénaux supérieurs droits, en haut et à droite. C'est là que l'on dissociera prudemment au bistouri et à la sonde cannelée pour effondrer la paroi antérieure du kyste.

Pour atteindre les pseudo-kystes de l'arrière-cavité, il faut traverser le ligament gastro-colique en ménageant avec soin les arcades vasculaires et passer entre l'estomac et le côlon transverse.

L'ouverture du kyste *en un temps* est la règle ; la majorité des auteurs pratiquent la *marsupialisation* après ouverture de la collection et fixation de ses bords à celles de l'incision cutanée.

On peut se contenter d'un *simple drainage* avec mèches et tamponnement s'il existe une hémorragie ; l'on se comporte alors comme s'il s'agissait d'un drainage des voies biliaires et l'on retire le drain et les mèches à partir du quatrième jour.

On ne pratique plus guère l'*extirpation totale* de la collection, préconisée surtout par l'Ecole allemande.

Le traitement des *fistules pancréatiques* constitue la deuxième phase de la thérapeutique dirigée contre les pseudo-kystes traumatiques.

Les fistules pancréatiques sont, en règle générale, très longues à se fermer (plusieurs mois) ; quelques-unes même ont été considérées comme intarissables et l'on a dû tenter dans ces cas des opérations exceptionnelles : *pancréatico-gastrostomie* de Doyen, Michon, etc.

Dans la grande majorité des cas, la fistule se tarit peu à peu, grâce à plusieurs procédés :

1° L'*injection de liquides atrophiants* (alcool, teinture d'iode, chlorure de zinc) est souvent employée ; elle n'est pas sans danger, et certains auteurs lui préfèrent la *cautérisation* du trajet au thermocautère (Ricard).

2° Le *régime antidiabétique* (Wohlgemuth) donne d'excellents résultats. La suppression des hydrocarbones, le bicarbonate de soude à haute dose ont une heureuse influence sur l'écoulement pancréatique qui se tarit en général assez rapidement (deux à six semaines).

3° Enfin, il convient de faire remarquer que le *mode de traitement* du pseudo-kyste influe sur l'évolution ultérieure de la fistule.

C'est ainsi que nous pensons que le *drainage est supérieur à la marsupialisation.*

Sur un total de 15 cas traiés par le drainage on constate que la fistule n'a pas duré, en moyenne, plus d'*un mois* ; dans certains cas la fermeture a été beaucoup plus rapide : douze jours (Gross), dix-huit jours (Foucault), dix-neuf jours (Auvray) ; rarement plus lente : deux mois et demi (Cushing).

Sur un total de 20 cas traités par la marsupialisation, la durée moyenne de la fistule a été de *deux mois et demi.* Les cas favorables ont duré six semaines seulement ; les cas rebelles ont duré des années ; un opéré de Tillaux portait encore une fistule pancréatique sept ans après l'intervention.

Les *résultats* des interventions sur les pseudo- kystes traumatiques du pancréas sont très encourageants. Alors que l'affection abandonnée à elle-même aboutit à la mort (100 p. 100 de mortalité dans la statistique de Lenoir), l'intervention chirurgicale, par contre, permet de transformer complètement le pronostic puisque l'on enregistre plus de 80 p. 100 de succès : sur 88 observations, 74 guérisons, 13 morts et 1 résultat inconnu (statistique de Mocquot et Costantini).

L'indication opératoire est donc formelle en pareil cas, et la temporisation ne saurait être admise, quel que soit l'état général du malade.

Bibliographie

La plus grande partie de la bibliographie est indiquée dans les articles de :

Villar, *Congrès de chirurgie*, 1905.

Chavannaz et Guyot. Art. maladies du pancréas, *Traité de chirurgie* Le Dentu-Delbet.

Mocquot et Costantini, Contusions du pancréas et faux kystes traumatiques, *Revue de chir.*, 1923, n°s 1, 4, 10.

Il faut signaler depuis ces importants travaux :

MAUCLAIRE et FOUCAULT. Pseudo-kyste traumatique du pancréas, *Bull. et mém. de la Soc. de chir. de Paris,* 22 nov. 1924.

DÉNECHAU et GIGON. Pseudo-kystes spontanés du pancréas, *Arch. des mal. de l'app. dig. et de la nutr.,* 1924, n° 4.

JANNIN. Contribution à l'étude des kystes et pseudo-kystes du pancréas, *Th. de Lyon,* 1923.

Marcel LABBÉ. Etude des fonctions pancréatiques dans un cas de kyste du pancréas opéré, *Arch. des mal. de l'app. dig. et de la nutr.,* 1924, n° 7.

BROCQ et MOREL. Rôle de la bile dans la reproduction expérimentale des pancréatites et de la stéato-nécrose, *C. R. de la Soc. de biol.,* 12 avril 1919.

BINET et BROCQ. Rôle du suc intestinal dans la reproduction expérimentale des pancréatites et de la stéato-nécrose, *C. R. de la Soc. de biol.,* 20 mars 1920 ; — Pathologie expérimentale, *Journ. méd. franç.,* 1921, n° 1.

SAUVÉ, Contusion épigastrique, lésion pancréatique, guérison, *Bull. et mém. de la Soc. de chir. de Paris,* 1923, p. 943.

MAISONNET, Blessures du pancréas, *Bull. et mém. de la Soc. de chir. de Paris,* 1924, n° 16, p. 604.

COURBOULÈS, Pseudo-kyste traumatique du pancréas, *Bull. et mém. de la Soc. de chir. de Paris,* 1924, n° 20, p. 728.

ROUVILLOIS, DUJARIER et OKINCZYC, *Bull. et mém. de la Soc. de chir. de Paris,* discussion.

DORIA, Kystes et pseudo-kystes du pancréas, *Th. Rio de Janeiro,* 1923.

BOSCH ARANA, CHUTRO, PASSERON, RIVAROLA, JORGE et CALCAGNO. Kystes héatiques du pancréas, *Bull. et trav. de la Soc. de chir. de Buenos-Aires,* 1922, n°s 1, 2, 3, 4.

LES RUPTURES SPONTANÉES DE LA RATE ET LEUR TRAITEMENT

Journal de Médecine et de Chirurgie de Bordeaux,
25 décembre 1925.

La rupture spontanée de la rate est plus fréquemment observée que celle de tout autre viscère plein, celle du foie en particulier ; et s'il faut en croire Grigsby, de Louisville, cet accident serait plus fréquent encore que les statistiques ne le laissent supposer, un certain nombre de morts subites devant lui être attribué.

La rate, en effet, réunit toutes les conditions favorables à pareille éventualité : organe essentiellement vasculaire, remarquablement friable, soumis pathologiquement à des variations excessives de volume, et fréquemment altéré dans sa consistance ou dans sa résistance, la rate, moins massive, moins bien suspendue, moins élastique que le foie, se rompt avec facilité.

Parmi les ruptures spléniques, les unes sont nettement provoquées par une violence extérieure agissant brusquement sur l'organe, d'une façon directe ou indirecte ; il s'agit de *ruptures traumatiques* bien connues, bien étudiées, que nous n'aurons pas en vue dans cet article.

Les autres apparaissent en dehors de tout traumatisme violent : ou bien elles semblent survenir sans raison apparente, ou bien elles sont déterminées par une cause minime, mais celle-ci est tellement insignifiante, tellement hors de proportion avec les lésions observées que l'on peut, sans être taxé d'inexactitude, les ranger dans la catégorie des ruptures spontanées.

C'est ainsi que l'on voit apparaître les ruptures spontanées de la rate dans des circonstances fort variées.

Le malade de Wood Shorten, et celui dont nous rapportons l'observation, furent pris au milieu de la rue d'une douleur syncopale dans l'abdomen. Celui de Thus et Cimbali, cité par Litten, fut atteint au moment où il descendait du lit. Le malade de Kopyloff vaquait aux travaux des champs ; celui de Hammesfahr soulevait un fardeau léger ; celui de Wild allait à la selle quand apparurent les premiers symptômes de la rupture. On en a vu survenir à la suite d'un vomissement (Kernig), d'un accès de toux ou d'un éternuement (Silberstein) ; au cours de la grossesse ou d'un accouchement (Hubbart, Schalite, Wiklein). A en croire certains auteurs, l'accident aurait même pu survenir au cours d'un examen médical.

Mais si les circonstances qui entourent l'apparition des ruptures spléniques sont essentiellement variables, par contre la cause dominante qui favorise au plus haut point leur apparition, c'est l'altération antérieure de l'organe. *Ne se rompent spontanément que les rates pathologiques.*

C'est le *paludisme* qui est le principal responsable des ruptures spléniques spontanées. Le fait est connu de longue date : Collin, en 1855, en rapportait d'Algérie 9 observations. Depuis ce temps, les cas publiés sont assez nombreux, depuis Playfair, qui en avait observé 20 dans l'Inde, jusqu'à Mac Cracken, de Shanghaï, qui en relatait tout récemment 20 autres cas

(Annals of Surgery, Janvier 1924). Il faut encore citer les 12 observations recueillies par Papaïoannou, d'Athènes, et celles qui ont été publiées par les chirurgiens français (Fontoynont, Vincent, Routier), et par les chirurgiens italiens (Cignozzi, Dalla Vedova, Putzu).

Dans nos contrées, cette complication du paludisme est évidemment rare ; elle est toutefois susceptible de s'observer actuellement plus qu'autrefois depuis que l'on utilise plus largement la main-d'œuvre étrangère. L'observation qu'on lira plus loin concerne un Algérien fixé en France depuis deux ans.

A côté du paludisme, à qui revient près des 3/4 des observations (93 cas sur 132), il faut citer en première ligne la *fièvre typhoïde* ; il en existe 13 cas dans la littérature médicale, recueillis par A. Conner et A. Downes.

Viennent ensuite : *le typhus exanthématique* (Wittmann), *la granulie* (Aupretch), *la leucémie* (Hammesfahr), *la thrombophlébite des vaisseaux spléniques* (Kopyloff), *la maladie de Banti* (Blecher), *la thrombopénie de Frank* (Wild). Sven Johannsson a rapporté un cas de rupture au cours d'une *splénite aiguë* chez un cancéreux de l'estomac. Dans des cas tout à fait exceptionnels la rate paraît normale. Dans celui de Wood Shorten, par exemple, l'examen macroscopique et microscopique de l'organe enlevé ne permit de déceler aucune lésion.

Au total, à part une ou deux exceptions, les ruptures spontanées portent sur des splénomégalies, chroniques le plus souvent.

Toutefois, l'augmentation de volume de l'organe, les modifications de ses rapports normaux, la perte de sa mobilité par suite de la périsplénite ne peuvent suffire à expliquer le mécanisme des ruptures spontanées de la rate. On comprendrait mal, en effet, pourquoi le foie, qui est susceptible de subir des modifications absolument comparables, parfois même parallèles à celles de la rate, présente si rarement des accidents spontanés de rupture. C'est que le parenchyme splénique est profondément altéré dans sa consistance et dans son élasticité au cours des affections aiguës ou chroniques de la rate.

Mou et diffluent dans les splénites aiguës, le parenchyme de la rate devient plus dur dans les splénites chroniques par suite de la sclérose intra et périsplénique.

Mais entre les travées scléreuses, le parenchyme présente les lésions habituelles de dégénérescence splénique : infiltration graisseuse des éléments de la pulpe, hypertrophie folliculaire, congestion des sinus, parfois même lésions nettes d'infarctus.

On conçoit dès lors que toute cause de congestion active ou passive de l'organe, que toute augmentation brusque du volume, que tout excès de pression intrasplénique détermine une rupture de la mince coque conjonctive enserrant la rate. Il y a là un défaut d'élasticité aggravé par ce fait que le reflux sanguin dans l'étroite veine splénique ne peut se faire aussi aisément que dans le vaste système porto-cave du foie.

Anatomie Pathologique. — Les lésions observées en pareil cas sont presque toutes comparables entre elles ; ce sont des fissures, profondes de 1, 2, 3 centimètres, linéaires, parfois circulaires, angulaires ou étoilées, siégeant à la convexité de l'organe, sur la face externe, près du pôle inférieur ou au voisinage du bord postérieur. Plus rarement, la rupture siège sur la face hilaire ; elle est isolée ou associée à une fissure de la face pariétale de l'organe.

L'hémorragie qui se produit immédiatement après la rupture est en général considérable : le sang s'écoule à la fois dans la loge splénique et dans la grande cavité péritonéale, avec d'autant plus de facilité que la rate est plus volumineuse. Toutefois, dans certains cas de rupture du pôle supérieur, avec adhérences spléno-pariétales, il peut se constituer des hématomes périspléniques, occupant la totalité ou une partie de la loge splénique (Vincent, Coville, Camus, Simpson). On peut alors assister à la réparation progressive de la rupture avec formation et organisation du caillot ; le fait est exceptionnel, car dans la majorité des cas, on voit réapparaître l'hémorragie ou suppurer l'épanchement.

Symptômes. — Tous les auteurs insistent sur les phénomènes intenses de shock, observés constamment dès le début de la rupture. Notre observation ne fait que confirmer ce fait.

Le 7 juin 1922, on transporte à l'Hôpital de la Pitié un Algérien de 35 ans A... ben M..., qui est tombé subitement sur la voie publique. L'homme est sans connaissance. Visage exsangue, lèvres pâles, pouls précipité. L'examen de l'abdomen révèle une contracture pariétale généralisée, plus marquée cependant du côté gauche.

A la palpation, on découvre une zone de vive douleur dans la région de l'hypocondre gauche, et à la percussion il existe une matité franche à ce niveau. On note enfin un symptôme, en apparence paradoxal, à savoir l'existence d'une température élevée (39,6).

Diagnostic : contusion de l'abdomen avec hémorragie interne.

Laparotomie médiane sus- et sous-ombilicale. Il s'écoule à l'ouverture du péritoine une grande quantité de caillots baignant dans un flot de sang noirâtre. On explore avec soin la face inférieure, le bord et la face antérieure du foie, sans pouvoir découvrir la lésion causale. On plonge la main dans l'hypocondre gauche, et l'on trouve alors une rate volumineuse, rompue au niveau de sa face convexe ; dans la loge splénique, se trouve collecté un gros épanchement sanguin. On branche sur l'incision primitive, une incision horizontale gauche, et l'on peut attirer au dehors la rate, sans grosses difficultés. Sur la face externe de l'organe, existe une longue fissure de 12 cm. environ, de 2 à 3 cm. de profondeur, et qui saigne abondamment. On tente de pratiquer la suture, mais sans résultat. Grâce à l'absence totale d'adhérences, on pratique facilement la splenectomie, après avoir posé trois ligatures sur le pédicule. Fermeture de la paroi, sans drainage. Les jours suivants, la température se maintient élevée ; on pratique des injections intra-fessières de quinine ; chute de la température ; guérison en 3 semaines.

La rate enlevée pesait 1250 grammes ; elle mesurait 19 cm. dans son grand axe, 11 cm. 5 dans son petit axe, 7 dans son épaisseur.

L'examen microscopique révélait des lésions typiques de splénite chronique, et l'existence de nombreux hématozoaires.

L'examen du sang pratiqué 15 jours après l'intervention donnait les résultats suivants :

Globules rouges : 2.400.000.
Globules blancs : 15.000.
Polynucléaires : 20 %.
Grands mononucléaires : 20 %.
Lymphocytes : 44 %.
Eosinophiles : 1 %.

En somme, il s'agissait d'une rupture de rate paludéenne, survenue spontanément, au moment d'un accès fébrile.

On retrouve dans notre observation la plupart des symptômes signalés en pareil cas :

Le *shock* du début, qui est plus intense peut-être que celui qui accompagne toute rupture viscérale. La syncope, si fréquemment observée au début, provoque la chute du malade avec perte de connaissance. Cette particularité a pu faire confondre l'effet avec la cause, et faire attribuer la rupture viscérale à la chute.

Les signes d'*hémorragie interne,* qui aggravent encore l'état adynamique du malade, et qui augmentent la pâleur de la face, la petitesse du pouls, la faiblesse et la rapidité de la respiration.

Les signes d'*épanchement intra-péritonéal*, qui se traduisent par la contracture pariétale, l'hyperesthésie diffuse, la matité dans les flancs.

Toutefois, certains symptômes permettent d'attirer l'attention du côté de la rate, ce sont :

La *douleur déchirante* du début qui est apparue dans l'hypocondre gauche et qui irradie à l'épaule gauche ;

La *douleur exquise* provoquée par la palpation de la paroi ;

La *contracture pariétale* plus marquée du côté gauche ;

Enfin, la *zone de matité fixe* perçue à la percussion de cette région.

Le plus souvent, il s'agit d'un paludéen avéré, chez qui la rupture survient, soit au cours d'un accès normal, à forme hypothermique, soit au cours d'un accès pernicieux, à forme algide.

Plus rarement il s'agit d'un typhique qui, à la fin du deuxième septenaire ou au début du troisième, présente subitement des phénomènes de collapsus et des signes d'épanchement intrapéritonéal.

Dans des cas plus exceptionnels encore, les accidents apparaîtront au cours de l'évolution d'une leucémie ou d'une maladie de Banti, sans qu'ils aient été annoncés par aucun symptôme prémonitoire ;

Evolution. — Après la *phase de shock* du début, on observe, en règle générale, *une phase de rémission* qui survient dès les premières heures et qui peut se prolonger 3, 4, 12 et même 24 heures. On note alors une certaine sédation des symptômes de shock. Le malade sort de sa torpeur et présente un pouls mieux frappé ; mais son faciès est anxieux et le malade indique une douleur intense à l'hypocondre gauche, accrue encore par la respiration et par les mouvements.

Si l'on n'intervient pas dès les premières heures, la *phase terminale* ne tarde pas à apparaître ; la mort survient rapidement dans le collapsus au milieu des symptômes d'anémie aiguë.

Dans les cas d'*hématomes périspléniques*, l'évolution est plus favorable ; la collection, qui se traduit par une voussure douloureuse et mate de l'hypocondre gauche peut régresser en partie. Toutefois, le malade reste exposé à de graves complications, en particulier à la suppuration et à la formation d'un abcès sous-phrénique, qui emporte le malade dans les semaines qui suivent la rupture.

Le *diagnostic* est souvent malaisé. En présence d'un malade profondément shocké, incapable de fournir aucun renseignement utile, chez qui les accidents sont survenus spontanément, et chez qui on ignore l'existence antérieure d'une splénomégalie, le clinicien a le droit d'hésiter.

Certains drames abdominaux comme ceux qu'on observe au cours des *pancréatites aiguës*, des *thrombo-phlébites mésentériques*, des *torsions brusques de l'intestin* ou du *grand épiploon*, de la *torsion du pédicule de la rate*, en particulier, peuvent prêter à confusion. Même syndrome douloureux atroce et brutal, même shock intense, même altération du faciès et du pouls. Toutefois, dans ces cas on ne retrouve pas le grand syndrome hémorragique qui accompagne la rupture splénique ; on ne retrouve pas non plus les signes d'épanchement abdominal associés à la contracture localisée, à la douleur exquise, à la matité fixe de l'hypocondre gauche. Ce sont ces signes de localisation qui pourront faire écarter l'hypothèse de *pancréatite hémorragique*, diagnostic qui reste, malgré tout, extrêmement délicat. Beaucoup plus rarement les accidents pelviens suraigus, tels que ceux qui sont consécutifs à une *torsion du pédicule du kyste de l'ovaire, à une torsion pédiculaire ou axiale* des *fibromyomes*, enfin à une *rupture de pyosalpinx* ou de *grossesse extra-utérine*, pourront prêter à confusion. Ici, les résultats fournis par la palpation de l'abdomen, par le toucher vaginal, seront suffisants pour les différencier des affections suraiguës de l'étage supérieur, sus-mésocolique de l'abdomen.

Le problème est encore plus difficile à élucider quand il s'agit d'éliminer la rupture spontanée d'un viscère creux : *perforation gastrique* au cours d'un ulcus, *perforation duodénale, rupture de la vésicule biliaire, appendicite perforante d'emblée.*

Ici c'est le siège initial de la douleur déchirante, du coup de poignard abdominal ; c'est la localisation du maximum douloureux perçu à la palpation de l'abdomen, c'est l'absence du syndrome hémorragique, c'est, enfin, la matité du flanc gauche qui permettent d'orienter le diagnostic.

Il s'agit ensuite d'éliminer les *ruptures traumatiques* des viscères abdominaux.

L'absence de toute lésion extérieure, de toute ecchymose, de toute fracture costale associée, les renseignements fournis par l'entourage sont en général suffisants pour franchir cette nouvelle étape du diagnostic.

Toutefois ces renseignements peuvent être inexistants ou inexacts, et, d'autre part, la chute a pu survenir au début de la rupture. C'est alors surtout que les ruptures spontanées de la rate peuvent être confondues avec celles du *rein* ou du *foie*. Les premières se reconnaissent avant tout à l'hématurie associée à la présence d'une tuméfaction lombaire ; les secondes à la localisation des symptômes dans l'hypocondre droit. Le diagnostic, par contre, devient très difficile si la rupture intéresse le lobe gauche du foie, et si elle donne lieu à un épanchement périsplénique.

En dernier ressort, c'est la recherche des *antécédents* morbides qui donne la clé du diagnostic et qui permet de différencier les ruptures vraies, traumatiques, de la rate, des ruptures spontanées, pathologiques, de cet organe.

Il faudra donc s'attacher, d'une part, à connaître l'état antérieur du malade, et d'autre part, à rechercher l'aire de matité de l'organe et les limites du bord antérieur de la rate.

Dans les cas douteux, c'est à la laparotomie exploratrice que l'on devra avoir recours.

A Conner et A. Downes préconisent le moyen suivant : petite incision faite à l'anesthésie locale au niveau de l'hypocondre gauche ; la présence du sang dans la cavité abdominale permet de confirmer le diagnostic et de pratiquer alors l'intervention sous anesthésie générale.

La majorité des auteurs, cependant, pratique d'emblée une incision médiane sus-ombilicale, sur laquelle ils branchent une incision transversale gauche quand l'exploration a révélé le siège de l'hémorragie. Souvent cette grande incision elle-même est incapable de donner un jour suffisant dans la région splénique ; aussi doit-on avoir recours, en pareil cas, à la résection du rebord costal gauche (Monod et Vanverts, Auvray) ou à l'incision abdomino-thoracique transdiaphragmatique de Costantini.

L'incision une fois pratiquée, la rate est explorée sur sa face hilaire, aussi bien que sur sa face pariétale, et le problème est de savoir à quel mode de traitement le chirurgien doit avoir recours.

TRAITEMENT

A quel moment faut-il intervenir ?

Certains auteurs, et en particulier Mac Cracken, dont l'expérience est grande puisque il a observé en

Chine une vingtaine de ruptures spléniques paludéennes, retardent volontiers l'acte opératoire. Ils laissent passer la période de shock, réchauffent le malade, pratiquent des injections de morphine et des instillations rectales de sérum.

Cependant, la très grande majorité des chirurgiens est d'accord pour intervenir le plus tôt possible, et il semble bien, en effet, que de la précocité de l'acte opératoire, et de sa rapidité, dépendent une grande partie des succès obtenus. Rien n'empêche de pratiquer, pendant et après l'opération, les injections habituelles de sérum et de suivre l'exemple de Wallace qui préconise dans ce cas la transfusion sanguine.

Le chirurgien a le choix entre les *méthodes conservatrices* (tamponnement, suture, ligature du pédicule) et la *splénectomie*.

Les premières ne peuvent guère s'adresser qu'à des cas bénins. En présence d'une rupture courte, peu profonde, limitée à la face externe de l'organe, ou bien d'une rate adhérente, difficile ou impossible à extraire, sans gros dégâts, il est logique de tenter d'arrêter l'hémorragie par un procédé simple.

Le tamponnement suivi de drainage a été pratiqué aussi bien chez des paludéens (Dean Bevan, Della Vedova, Kalm, Mac Cracken) que chez des typhiques (Brewer).

La suture de la rate n'a été que rarement utilisée ; il faut, pour qu'elle soit praticable, que la rupture soit linéaire, peu profonde, et facilement accessible ; il faut surtout que les fils de suture ne coupent pas le parenchyme si friable des rates pathologiques, et ne viennent ainsi aggraver les lésions déjà existantes. Il faut enfin que les points soient suffisamment rapprochés pour que l'affrontement obtenu soit réellement hémostatique.

De telles conditions sont bien rarement réalisées,

et malgré les plasties épiploïques (Loewy), la méthode est presque abandonnée aujourd'hui.

C'est dans un même ordre d'idées qu'il faut ranger la *ligature du pédicule,* qui, ne pouvant porter que sur une partie des branches de l'artère splénique, risque d'être inefficace et d'aboutir à un insuccès.

Dans tous les autres cas, c'est à la *splénectomie* que l'on s'est adressé. Opération de nécessité, disent les uns (Demoulin, Auvray), opération de choix, disent les autres (Mac Cracken, Grigsby, Putzu), et ces derniers font ressortir les difficultés de l'hémostase par les méthodes conservatrices, la mortalité relativement élevée des opérations palliatives, les dangers de la conservation d'un organe profondément altéré et susceptible de provoquer à nouveau des accidents analogues.

En réalité, il faut se laisser guider non seulement par le siège, les dimensions de la rupture, mais encore par l'état de la rate et du péritoine.

Ainsi, la splénectomie dans les ruptures de rates typhiques entraîne une mortalité extrêmement élevée. A. Conner et Downes, après avoir relevé 12 observations de ce genre ne rapportent qu'un seul cas de guérison. Muhsam (de Berlin) rapporte 4 splénectomies au cours de fièvres typhoïdes, terminées par la mort.

Les mêmes résultats désastreux sont observés dans les ruptures de rate survenues spontanément au cours du typhus exanthématique, de la leucémie, des splénites aiguës : le malade meurt sur la table d'opération ou quelques heures après. La splénectomie semble ici nettement contre-indiquée ; on doit se borner à réduire au minimum le shock opératoire, et on doit avoir recours, avant tout, aux méthodes conservatrices, en particulier au tamponnement.

A l'opposé de ces cas, les ruptures spontanées de la rate survenues au cours de la maladie de Banti ont été suivies de guérison après la splénectomie. On connaît l'heureux effet de l'extirpation de la rate sur l'évolution de cette maladie et la fréquence de la guérison ainsi obtenue (10 guérisons sur 11 cas ; Maragliano, 3 guérisons sur 4, P. Duval).

De bons résultats ont été également obtenus dans des rates tuberculeuses rompues.

Par contre la question est discutée quand il s'agit de rate paludéenne rompue. Doit-on garder l'organe ou l'enlever ? Quel est l'avenir de ces malades ?

A part deux observations de Mac Cracken, où la guérison est survenue sans intervention, et quelques rares cas guéris par les méthodes conservatrices (Dean Bevan, Della Vedova), les autres ruptures de la rate paludéenne ont été traitées par la splénectomie, qui, d'ailleurs, a été préconisée dans le paludisme invétéré (Putzu).

On tend, en effet, actuellement, avec Cignozzi et la majorité des auteurs italiens, à réduire les indications de la splénectomie dans le paludisme, et à la limiter aux accidents de rupture ou de torsion de l'organe hypertrophié : à une complication grave il convient d'appliquer le traitement chirurgical, qui, par lui-même, comporte une certaine gravité.

Toutefois il ne faut pas exagérer les dangers de la splénectomie, car les résultats obtenus semblent assez satisfaisants pour justifier de l'acte opératoire.

Nous avons relevé, en effet, 35 cas de ruptures spléniques au cours du paludisme et nous trouvons relatées 6 morts post-opératoires, soit 20 %. Ce taux de mortalité est inférieur à celui rapporté, à la suite de Berger (1902) par un certain nombre d'auteurs, et qui concerne toutes les ruptures spléniques en général, traumatiques ou spontanées.

Dans la statistique de Della Vedova, qui porte sur 145 cas de ruptures spléniques, quelque soit leur cause, la mortalité est de 29,8 % ; dans celle de Wills, (rapportée par Grigsby), qui relate 55 splénectomies, la mortalité est de 28,8 %.

Quel est l'avenir de ces malades, et quelle est la valeur de la guérison ?

On connaît depuis longtemps les modifications sanguines observées chez les hypertrophiés ganglionnaires splénectomisés : anémie, avec résistance globulaire normale, abaissement assez important du taux de l'hémoglobine, et hyperleucocytose à prédominance lymphocytaire ; ces modifications sont passagères, et l'équilibre, au bout de plusieurs mois, est rétabli dans le plus grand nombre de cas.

On a insisté sur la diminution de résistance de tels malades aux infections ; en réalité, les organes lymphoïdes et la moëlle osseuse suppléent en grande partie la rate en vue de l'hématopoïèse et il semble prouvé à l'heure actuelle que cette assertion est mal fondée (Silhol et Bourde).

Si la splénectomie, par elle-même, n'a pas la gravité que certains auteurs ont bien voulu lui attribuer, a-t-elle, par contre, une influence heureuse sur la maladie causale, en l'espèce le paludisme, et l'intervention chirurgicale guérit-elle à la fois la maladie et la complication qui a ainsi « forcé la main » du chirurgien ?

Bien que Putzu considère que la rate malarique constitue « un foyer de productions toxiques ayant à la fois une action cirrhogène sur le foie et une action anémiante sur le sang », que tous ses paludéens, revus par lui plusieurs années après l'intervention (soit 32 sur 60) soient en bonne santé, la très grande majorité des auteurs admettent que la splénectomie ne guérit pas le paludsime. On voit des accès survenir dans les jours qui suivent l'intervention (Routier, Constantini, Lombard, Dubouchet, Foucault), ou dans les mois consécutifs (Papaïouannou, Tsakonas, Muhsam).

CONCLUSIONS

En somme, la splénectomie au cours des ruptures de la rate paludéenne est parfaitement justifiée, sous certaines conditions de mobilité de l'organe, d'étendue des lésions, et de résistance de l'individu.

Elle n'a pas tous les inconvénients qu'on lui a autrefois attribués, mais elle n'a pas une influence radicale sur l'évolution ultérieure du paludisme.

Formellement indiquée dans les rares cas de rupture au cours de la maladie de Banti et de la tuberculose de la rate, elle donne des résultats désastreux au cours des autres affections, en particulier dans la fièvre typhoïde et dans la leucémie ; c'est à ces cas que seront réservées les méthodes conservatrices.

Bibliographie

CHAVANNAZ et GUYOT, Rupture de la rate in *Le Dentu 6-Delbet*, p. 190.

GOSSET, Ruptures de la rate in 9 agrégés.

P. DUVAL, Lésions traumatiques de la rate, in P. M. C.

PLANSON, Contusions et ruptures traumatiques de la rate. *Thèse* Paris, 1909.

CAMUS, Hématomes intraspléniques et périspléniques consécutifs aux ruptures de la rate. *Thèse*, Paris 1905.

CARRIE, Contribution à l'étude des ruptures de la rate.

VINCENT, *Revue de Chirurgie*, 1893, p. 452.

COVILLE, Gazette des Hôpitaux, 1902, n° 11.

COSTANTINI, Valeur de l'incision abdomino-thoracique dans l'exploration chirurgicale de l'hypocondre gauche. *Journal de Chirurgie*, t. XVIII, p. 130.

HAMMESFAHR, Rupture spontanée d'une rate leucémique. *Zentralblatt fur Chirurgie*, t. L, n° 49.

BLECHER, Rupture spontanée de rate au cours de la maladie de Banti, *Münch. med. Wochenschrift*, n° 24.

WILD, Thrombopénie de Franck compliquée de rupture spontanée de la rate et guérie par la splenectomie. *Mitteilungen aus den Grenzgebieten der Medizin und Chirurgie*, t. XXXVII, fasc. 2.

WOOD SHORTEN, Rupture apparemment spontanée d'une rate normale. *The British Medical Journal*, n° 3078, p. 844, 27 déc. 1919.

BELL, Rupture de rate paludéenne. *The Lancet*, 1903, t. II, p. 890.

CARR, Rupture de rate paludéenne, *Nat. medic. rev.* 1899, p. 430, t. VIII.
FONTOYNONT, Rupture de rate malarique. *Bull. et Mém. Soc. Chirurgie.* 18 janv. 1905, p. 26.
DEAN BEWAN, 2 cas de rate paludéenne rompue. *Ann. of Surgery,* 1902, t. XXXVI.
BREWER, Rupture de rate typhique. *Ann. Of. Surgery,* 1902, t. XXXVI, p. 278.
KAHN, Rupture de la rate traitée par le tamponnement. Americ. *Journal of Surgery,* t. XXVI, n° 12, déc. 1912, p. 431.
WALLACE, Rupture traumatique de rate, *The Journal of the Missouri State Med. Ass. Vol.* 21, n° 1, janv. 1924, p. 18.
SIMPSON, Rupture de rate paludéenne. *The Lancet,* 1906, t. I, p. 33.
SVEN JOHANNSON, Contribution à l'étude des ruptures spontanées de la rate. *Revue de Chirurgie,* t. XLVI, n° 7, juil. 1912.
MUHSAM, De la splenectomie dans les maladies du sang. *Deutsche medizinische wochenschrift,* t. XL, n° 8, fév. 1914, p. 377.
RAISON, Rupture d'une rate paludéenne. *The British medical Journal,* n° 3103, p. 827, 1920.
PAPAIOANNOU, 12 cas de rupture splénique. *Beiträge zur Klinischen Chirurgie,* t. LXX, fasc. 1, oct. 1910, p. 297 à 330.
DALLA VEDOVA, Considérations sur les ruptures de la rate, *Bull. de l'Acad. roy. de Méd. de Rome,* t. XXXVII, fasc. 8, 1911.
GRIGSBY, Rupture de rate. *American Journal of Surgery,* t. XXXV, n° 11, p. 339, 1921.

LE LOBE DROIT SURNUMÉRAIRE DU FOIE
(LOBULE DE RIEDEL)

En collaboration avec le Docteur Georges Audain.

Phare Médical de Paris, septembre 1923

Parmi les nombreuses anomalies du foie, le lobe accessoire, nommé suivant les auteurs, lobe droit flottant ou lobule de Riedel est, à coup sûr, le plus fréquent et le plus intéressant à connaître pour le clinicien.

En voici un exemple typique :

Madame N., 59 ans (observation de l'hôpital Stell), se plaint de souffrir depuis quelques mois d'une gène douloureuse siégeant au dessous du rebord costal droit. Elle n'a pas d'appétit et a maigri sensiblement. Pas de nausées ni de vomissements ; pas de crampes d'estomac ni de pyrosis. Elle ne souffre pas de coliques. Il n'y a ni diarrhée ni constipation.

Examen clinique. A la palpation, on réveille une douleur dans l'hypocondre droit et l'on perçoit, dans cette région, au-dessous du rebord costal une masse à contours arrondis, très douloureuse à la pression, un peu mobile avec les mouvements respiratoires et qui semble siéger dans la région de l'angle côlique droit. Pas de contact lombaire ni de ballottement. Nous pensons à une vésicule malgré la situation un peu externe de la masse et demandons comme complément d'information une radioscopie du tube digestif.

Pas de signes rénaux.

Rien aux annexes.

Pas d'antécédents hépatiques.

Examen radioscopique. Sept heures après ingestion de gélobarine (dernière prise), estomac vide légèrement ptosique, contractions normales. Intestin grêle non visible. Cæcum ptosé et indolent. Côlon ascendant mobile non douloureux. Angle droit aisément déplissable. Ampoule rectale pleine. La **masse sous-hépatique perçue à la palpation n'est pas visible à l'écran.** On le sépare aisément de l'angle droit du côlon.

Nous posons alors le diagnostic de **cholécystite** et faisons huit jours après une laparatomie. Celle-ci permet de constater que la vésicule est **absolument saine** mais qu'il existe **en dehors** d'elle un lobe hépatique aberrant mesurant à partir du lobe inférieur du foie une longueur de 7 centimètres environ. Ce lobe a une forme triangulaire à sommet inférieur et sa base qui se confond avec le bord inférieur du foie mesure de 7 à 8 centimètres. Fermeture de la paroi. Suites opératoires normales.

Revue deux mois après sa sortie de l'hôpital la malade ne souffre plus spontanément. Elle a repris de l'appétit et de l'embonpoint. La palpation permet de sentir la même masse **mais ne réveille plus aucune douleur.**

Cette observation est à rapprocher d'une série d'autres cas publiés à la Société Anatomique et à la Société de Chirurgie pendant ces vingt dernières années. Nous ne citerons que l'observation du Professeur Walther (29 juillet 1903) :

Femme de 41 ans, souffrant depuis l'âge de 13 ans de douleurs au niveau du foie, irradiant à l'épaule droite ; les crises douloureuses surviennent tous les 4 ou 5 ans, durent 3 à 4 jours et s'accompagnent d'une tuméfaction de l'hypocondre droit. Jamais d'ictère. A l'examen le 2 mai, douleur vive sous-hépatique ; présence au niveau du bord antérieur du foie qui dans son ensemble est augmenté de volume d'une tumeur volumineuse qui semble nettement être une vésicule distendue. Malgré le repos, la diète lactée, les douleurs reparaissent le 20 mai brusquement, avec défense musculaire, nausées, vomissements, tumeur grosse et saillante.

Laparotomie le même jour.

Le foie est gros et congestionné, la vésicule est saine, petite, dépressible. Sous le foie, à droite de la vésicule, on découvre la tumeur qui n'est autre qu'un gros lobe surnuméraire du foie. Ce lobe est quadrangulaire, large de 8 centimètres, long de 15, épais de 2 travers de doigt à la base, de 3 travers de doigt à son extrémité libre. Le pédicule se détache de la face inférieure du lobe droit, un peu à droite du col de la vésicule. Ce lobe est mobile et quand on le redresse, il dépasse de deux travers de doigt le bord antérieur du foie. D'autre part, le rein droit est très mobile et très gros et il semble que ce soit ce gros rein qui ait refoulé en avant le lobe hépatique ; les accidents douloureux et l'apparition de la tumeur correspondaient au redressement du lobe surnuméraire. On pratique, après ligature du pédicule une résection du lobe. La malade guérit rapidement. L'examen histologique révéla des lésions banales de dégénérescence graisseuse.

Voici donc deux cas typiques de lobule accessoire ayant entraîné des erreurs de diagnostic.

Il importe de préciser les signes qui permettent de reconnaître le *lobe droit flottant* ou *languette hépatique de Riedel.*

A quels signes peut-on reconnaitre ce lobule ?

Il siège dans l'hypocondre droit sous le rebord antérieur du foie avec lequel il semble faire corps ; sa limite forme une courbe régulière à concavité supérieure et se continue de chaque côté par un angle arrondi avec le bord antérieur du foie.

Il est mobile avec le foie dans les mouvements respiratoires, résistant à la palpation, mat à la percussion sa matité se continuant directement avec celle du foie. Mais ce qui est capital, c'est que le bord inférieur de ce lobe flottant est *tranchant, mince, accrochable* comme le reste du rebord hépatique. Cette masse à bord tranchant est différente de la tumeur vésiculaire, ovoïde, à bords mousses, ne se fusionnant pas nettement avec le rebord hépatique ; celui-ci reste nettement perceptible de chaque côté et *au-dessus* de la tumeur.

Le lobe de Riedel se différencie également d'un gros rein droit ptosé dont le pôle inférieur arrondi est senti plus profondément, au devant de la paroi lombaire, là où l'on va rechercher les signes classiques du contact lombaire et du ballottement rénal.

Toutefois, le diagnostic reste souvent en suspens et avant d'affirmer la présence d'un lobule de Riedel, il convient, non seulement, de rechercher les antécédents du malade, la fièvre, l'ictère, les signes urinaires, mais aussi de pratiquer un examen approfondi aux rayons X (radioscopie et radiographie) avec ou sans pneumo-péritoine. Or, même en présence de tous ces renseignements, il est souvent difficile d'affirmer le diagnostic car le lobe de Riedel est surtout fréquent chez les *ptosiques* et les *lithiasiques*.

Chez qui observe-t-on le lobe hépatique surnuméraire droit ?

Avant tout, *chez les femmes*. ROLLESTON rapporte cependant un cas typique survenu chez un homme de 57 ans.

Chez les lithiasiques on observe souvent la languette hépatique, ainsi que l'a montré CHAUFFARD.

N. FIESSINGER rapportait récemment deux cas d'association de lobule surnuméraire et de lithiase avec coliques, fièvre et ictère. Dans un cas on trouva à l'intervention, derrière un lobe flottant, un gros calcul vésiculaire et deux calculs cholédociens.

Pour CHAUFFARD, la présence de la languette hépatique recouvrant ou longeant le bord de la vésicule est due soit à une action mécanique (traction du parenchyme hépatique par une vésicule augmentée de poids), soit à une action inflammatoire (propagation, par voie lymphatique, de l'inflammation des voies biliaires).

Toutefois, on peut observer le lobe flottant en dehors de toute lithiase. Il n est ainsi chez les *ptosiques,* surtout chez les multipares ayant une visceroptose généralisée ou localisée au rein, au foie, à l'estomac. Les crises douloureuses de la ptose rénale surtout quand elles sont en rapport avec une hydronéphrose intermittente rendent difficile l'interprétation des symptômes chez de tels malades. Enfin, il faut admettre la possibilité du lobe flottant par *malformation congénitale.* Certaines observations où ni la vésicule ni le rein ne peuvent être mis en cause, semblent le prouver. La plus démonstrative est celle de MAC-PHÉDRAN qui concerne un enfant de onze mois.

Le *diagnostic* est donc toujours délicat d'une part, parcequ'il s'agit d'une lésion peu connue sinon peu fréquente et d'autre part parcequ'elle coexiste souvent avec des lésions du foie, et la vésicule biliaire ou du rein.

En pratique la constatation d'une tumeur mobile sous-hépatique attirera l'attention sur le pylore, l'angle droit du colon et la vésicule biliaire. L'examen radioscopique permettra de localiser au pylore et ou au gros intestin les tumeurs développées aux dépens de ces organes. Reste la *grosse vésicule* dont le diagnostic *est* de beaucoup le plus difficile. *Cliniquement* la *grosse vésicule* a un concours mousse, forme une masse globulaire dont le centre répond au bord externe du droit et dont l'axe se dirige vers l'ombilic. Elle est séparée du bord antérieur du foie par un sillon. Les antécédents vésiculaires seront recherchés avec soin. Malgré cela et malgré aussi l'examen radiologique (hormis les cas où la radiographie permettrait de constater la présence de calculs) le diagnostic n'est parfois possible que par la laparatomie exploratrice.

Le lobe de Riedel pourrait aussi mais plus rarement prêter à confusion avec un *abcès du foie,* un *kyste hydatique* de la face inférieure (recherche de l'éosinophilie et de la réaction de WEINBERG) à un *gros rein mobile* (contact lombaire, ballottement, symptômes urinaires).

Dans tous les cas douteux on recourra systématiquement après un examen clinique minutieux à la radioscopie, à la radiographie, aux examens de sang qui peuvent donner d'utiles indications.

Il n'en reste pas moins vrai que dans bien des cas, comme nous le disions plus haut, la laparotomie seule permettra de préciser un diagnostic difficile. Par ce bref exposé, nous avons voulu attirer l'attention sur le lobe de RIEDEL qui n'est pas une rareté. Bien que d'assez nombreux travaux aient vu le jour sur cette question, beaucoup de praticiens semblent ignorer l'existence de ce lobe aberrant. Il n'est pas seulement une curiosité anatomique, il a aussi une indiscutable importance clinique puisqu'il est susceptible, ainsi que nous l'avons vu, de prêter facilement à des erreurs de diagnostic.

LES TORSIONS DU TESTICULE ET DU CORDON SPERMATIQUE

Archives Médico-Chirurgicales de Province, Septembre 1924

Depuis les descriptions de Sébileau (1901) et de Lapointe (1904), il est classique de distinguer deux sortes de torsions de l'appareil génital mâle : les *torsions supra-vaginales*, et les *torsions intra-vaginales.*

A la suite des 36 cas réunis par Lapointe, de nombreux auteurs ont publié une série d'observations qui ont contribué à élargir nos connaissances à ce sujet : nous ne voulons citer que l'article de Chevassu (1908), la thèse de Latrilhe (1912), les descriptions d'Ombrédanne (1913), enfin les travaux récents de Mouchet (1923) qui ont attiré l'attention sur le rôle pathologique de l'hydatide de Morgagni.

Laissant délibérément de côté les dénominations classiques, trop souvent imprécises, à cause des malformations de la vaginale observées presque constamment en pareil cas, nous décrirons deux grandes variétés de torsions : les *torsions totales* et les *torsions partielles* du système funiculo-testiculaire, chacune d'elles pouvant être *complètes* ou *incomplètes.*

Les *torsions totales* intéressent l'ensemble de la

glande génitale mâle et de ses annexes. C'est dire que dans ces cas, le testicule tourne autour de son axe funiculaire, en entraînant avec lui ses enveloppes profondes ; vaginale, fibreuse, et crémaster.

Grâce à la présence de l'atmosphère celluleuse entourant le testicule et ses enveloppes séro-fibro-musculaires, celles-ci peuvent se rendre indépendantes des plans superficiels, du sac dartro-scrotal et de téguments, et la rotation peut se faire sans que ceux-ci soient intéressés.

Si la rotation n'atteint pas 90 degrés, la torsion est *incomplète* ; le cordon décrit un demi-tour de spire, à sa sortie du canal inguinal.

Il en résulte un arrêt de la circulation veineuse, sans arrêt de la circulation artérielle. D'où la dilatation des veines du cordon, les phénomènes de congestion du testicule, avec formation de petits foyers d'infarctus, enfin la constitution d'un léger épanchement d'hydrocèle.

On peut trouver là l'explication de certains épanchements séreux, ou séro-hématiques de la vaginale, dont la cause avait pu paraître, jusqu'ici, obscure.

Si la rotation dépasse 90 degrés, la torsion est *complète*, et la détorsion spontanée est impossible. Le cordon est tordu de 1, 2, 3, 4 tours, dans le sens des aiguilles d'une montre, à sa sortie du canal inguinal ; la circulation artérielle est arrêtée ; les veines se thrombosent ; le testicule et l'épididyme, tuméfiés, présentent, suivant le degré de torsion et l'ancienneté des lésions, des zones plus ou moins étendues d'infarctus hémorragiques, aboutissant soit à la nécrobiose et à l'atrophie du testicule, soit à l'abcès et à la gangrène, s'il existe une cause quelconque d'infection.

Cette variété de torsions totales et complètes a été désignée sous le nom de *bistournage accidentel ou spontané* (Lapointe), par analogie avec ce qui se passe dans le bistournage vétérinaire.

Or, ce dernier se pratique en deux temps. Dans un premier temps, le bistourneur libère le testicule et ses enveloppes profondes, de ses enveloppes superficielles ; dans un deuxième temps, il tord le cordon plusieurs fois sur lui-même.

En réalité, dans le bistournage spontané, le premier temps n'a pas lieu, et c'est précisément ce fait qui explique la possibilité de la torsion. En effet, dans la très grande majorité des cas le *testicule est en ectopie* ; c'est souvent au moment de sa brusque sortie du canal inguinal, alors qu'elle ne possède encore aucune connexion avec le sac dartroïque, que la glande maintenue par un cordon trop court, s'enroule sur son axe, en glissant sur les piliers de l'orifice inguinal superficiel.

L'ectopie testiculaire joue donc dans ces cas un rôle capital, ainsi que l'on peut s'en rendre compte à la lecture de la plupart des observations (Delasiauve, Barozzi, Owen, Legueu, Klinger, Latrilhe, Schumacher, Souligoux, Ombrédanne). Nous rapportons plus loin une observation personnelle qui confirme cette opinion.

Les *torsions partielles* présentent, comme les précédentes, plusieurs degrés, suivant qu'elles sont complètes ou incomplètes, ou suivant qu'elles intéressent la partie basse du cordon, le testicule proprement dit, ou encore l'appendice hydatiforme.

Mais ce qui les distingue complètement des torsions totales, c'est ce fait que le système funiculo-testiculaire n'est pas intéressé dans son entier. Dans de pareil cas, en effet, les enveloppes séro-fibro-musculaires du testicule sont respectées ; le contenu se tord sans le contenant, le plus souvent, à cause d'une malformation congénitale.

En effet, dans les *torsions basses du cordon,* on constate que la zone de réflexion de la vaginale remonte haut sur le cordon ; testicule et épididyme, dénués de tout moyen de fixité, sont véritablement *pédiculisés*. Ils sont « suspendus comme un fruit, et exposés aux intempéries des saisons ». Survienne un traumatisme, un effort violent, une contraction musculaire énergique, le bloc épididymo-testiculaire se tord autour du cordon, comme le système tubo-ovarien se tord autour du ligament large : c'est ce que Lapointe a désigné sous le nom de *volvulus du testicule*.

Si la *pédiculisation* du testicule est un facteur fréquemment invoqué dans la pathogénie des torsions de cet organe, *l'inversion testiculaire* ne joue pas un rôle moins important, et dans plus de la moitié des cas, cette disposition anormale est notée.

Kocher a longuement décrit les modifications que présente le cordon en cas d'inversion testiculaire ; elles semblent favoriser au plus haut point la torsion de l'organe.

Dans certains cas, les éléments du cordon arrivent, éparpillés, au hile de l'organe. Souvent ils sont dissociés en deux groupes, et cette bifidité du cordon rendrait plus facile encore la rotation du testicule.

Parfois enfin, ils s'enroulent autour du testicule, en décrivant une sorte de spire (Cotte et Croizier).

L'inversion du testicule favorise donc les torsions partielles, comme l'ectopie prédispose aux torsions totales.

Retrouverons-nous encore une malformation congénitale dans la 3e variété de torsions partielles : *la torsion des appendices testiculaires* ?

Ces formations embryonnaires, appendues l'une au globus major de l'épididyme, l'autre au pôle supérieur du testicule, sont normalement très peu développées, et leur longueur varie de 2 à 10 millimètres. Or, les deux observations de Mouchet, celle de Rutolo, et de

Viscontini, s'appliquent à des hydatides volumineuses, munies d'un long pédicule, et très mobiles dans la cavité vaginale.

Dans une de nos observations personnelles, une hydatide volumineuse coexistait avec un testicule anormalement pédiculisé.

Ainsi, nous arrivons à cette conclusion que la très grande majorité des torsions de l'appareil génital mâle sont sous la dépendance de *malformations congénitales diverses.* Toutefois la fréquence de celles-ci, et la rareté de celles-là prouvent que les torsions ne sont pas conditionnées par un seul et unique facteur. Il faut encore incriminer les traumatismes, les efforts musculaires, la masturbation surtout (Ombrédanne).

ETUDE CLINIQUE

1° Les *torsions totales* atteignent le plus souvent, nous l'avons vu, les testicules ayant une mobilité et une situation anormales. Le plus souvent ils sont en ectopie inguino-superficielle ; ceci explique pourquoi leur symptomatologie est si voisine de celle des hernies.

Dans les *torsions incomplètes,* on croit souvent à une *pointe de hernie.*

OBSERVATION PERSONNELLE. Il s'agit d'un enfant de 11 ans, de bonne santé, et bien constitué, qui est atteint de crises douloureuses suraiguës à siège inguinal.

Elles surviennent à l'occasion de certains mouvements, de certains exercices de gymnastique, en particulier quand l'enfant monte à la corde lisse. A ce moment, l'enfant ressent brusquement une douleur atroce dans l'aine gauche ; il lâche la corde, tombe, et pendant cinq minutes se roule à terre en poussant des cris. Mais tout se calme spontanément, et quand on l'examine on ne constate plus que de l'endolorissement d'un testicule **anormalement mobile.**

En faisant remonter le testicule jusqu'au canal inguinal, on provoque une nouvelle crise douloureuse.

Il s'agit là d'une torsion incomplète du cordon spermatique,, d'une *torsion récidivante*, comme en ont signalé un certain nombre d'auteurs, Lejars, en particulier (*Semaine médicale*, 1904). Ce qui caractérise ces torsions, c'est la brusquerie de leur début, l'intensité de leurs symptômes, puis leur disparition rapide, le plus souvent spontanément.

Parfois cependant des manœuvres externes peuvent amener la disparition des accidents, et l'on cite souvent l'histoire de ce jeune médecin, observé par Van der Polls, qui, sujet à des crises de torsion funiculaire, avait appris à « redresser » son cordon.

Bien mieux encore que les torsions incomplètes, les *torsions complètes* simulent à s'y méprendre l'*étranglemeñt herniaire*.

En voici un cas typique.

OBSERVATION PERSONNELLE. — Nourrisson de 11 mois, jusque-là bien portant, pris brusquement le 7 juillet 1924 de douleurs dans la région inguinale gauche. Le 8 juillet, des vommissements surviennent, la constipation apparaît, le ventre se tend et l'enfant indique une zone douloureuse au niveau de son aine gauche.

A l'examen on constate que la cuisse est à demi fléchie sur le ventre. Quand on essaie d'étendre la cuisse, et de palper l'aine, on arrache des cris à l'enfant. On trouve au niveau de l'orifice inguinal superficiel gauche une masse dure, irrégulièrement bosselée, très douloureuse, immobile, irréductible, ne subissant pas l'impulsion à la toux. Mais cette masse ne possède pas le pédicule caractéristique des hernies ; elle n'a ni la forme ni la situation exacte d'une hernie inguinale étranglée. En outre, fait capital, le testicule manque dans la bourse correspondante. On fait le diagnostic de torsion du cordon spermatique, avec étranglement du testicule.

L'opération pratiquée montre l'existence d'une torsion complète de 180° du cordon spermatique à sa sortie du canal inguinal. Les veines du cordon sont noirâtres. Le testicule et l'épididyme sont volumineux, de teinte violacée ; l'hydatide sessile est très grosse et noirâtre ; son pédicule est tordu deux fois sur lui-même.

La détorsion du cordon entraîne un changement de coloration du testicule et de l'épididyme qui reprennent une teinte presque normale ; par contre l'hydatide reste de teinte noirâtre ; on l'extirpe, et on fixe le testicule détordu au fond du scrotum. Il existait une hernie congénitale de ce côté ; on en pratique la cure radicale.

Suites opératoires excellentes ; l'enfant, le premier jour a de la température (39°) ; mais à partir du 2e jour, la fièvre tombe, les fonctions intestinales reprennent et il quitte la clinique au 8e jour.

Cette observation est intéressante à plusieurs points de vue.

Au point de vue étiologique, elle montre que les accidents de torsion totale et complète peuvent survenir spontanément, sans cause déterminante nette chez de tous jeunes enfants. Viscontini en avait déjà rapporté un cas chez un nourrisson de 8 mois ; à part ces deux cas, l'on peut dire que l'âge auquel on observe habituellement ces torsions se place entre 10 et 15 ans.

Au point de vue clinique, elle montre l'analogie des symptômes observés, avec ceux qui accompagnent l'étranglement herniaire.

Mêmes symptômes abdominaux, même arrêt de la fonction intestinale, mêmes vomissements avec constipation et météorisme. Du côté de la région inguinale, les signes locaux semblent, si l'on s'arrête à un examen superficiel, confirmer le diagnostic d'étranglement herniaire : même tuméfaction douloureuse, immobile, ne recevant pas l'impulsion de la toux. L'on s'explique ainsi les erreurs de diagnostic qui, d'après Lapointe, auraient lieu 34 fois sur 37.

En réalité, l'on peut arriver à affirmer la torsion du testicule, quand on constate que la masse inguinale est de forme irrégulière, et de consistance inégale ; quand elle ne possède pas de pédicule se prolongeant à l'intérieur du canal inguinal ; quand enfin le testicule manque à sa place habituelle. Toute la difficulté réside dans la coexistence possible d'accidents herniaires et de torsion testiculaire. On sait quels rapports intimes unissent l'ectopie testiculaire et la hernie inguinale congénitale, et on est en droit de se demander si les accidents abdominaux ne sont pas dus à un étranglement intestinal associé à un étranglement testiculaire.

Bien que le fait n'ait jamais été signalé jusqu'à présent, il n'est pas impossible qu'il puisse se produire ; en fait, c'est le bistouri qui doit dans tous les cas lever les doutes, et c'est au cours de l'intervention que l'on pourra s'assurer de l'état exact des anses intestinales.

2° Les *torsions partielles*, qu'il s'agisse des torsions funiculaires basses, testiculaires proprement dites, ou appendiculaires, aboutissent au syndrome de *l'orchite aiguë primitive des enfants*.

En voici un cas :

OBSERVATION PERSONNELLE. — Enfant de 3 ans et demi, entre à l'hôpital le 14 avril 1921. Depuis 2 jours il se plaint, il vomit, il dort mal, et est agité ; il accuse une douleur au scrotum gauche.

L'examen révèle la présence d'un scrotum rouge, œdémateux et douloureux. Il est très difficile de préciser exactement la forme et le volume du testicule et de l'épididyme, à cause des douleurs provoquées par l'examen.

Rien au cordon, rien aux vésicules séminales, température à 38°,5.

Les jours suivants aucune amélioration dans l'état local ; on décide de pratiquer une incision de la vaginale qui donne issue à du liquide sanguinolent et qui montre un testicule noirâtre, avec par place des taches livides.

On pratique la détorsion, mais le testicule ne change pas de coloration ; une incision exploratrice permet de constater la présence de lésions d'infarctus et de sphacèle étendus de coloration ; une incision exploratrice permet de constaà toute la glande. On se décide alors à pratiquer la castatrion. Suites opératoires simples.

Le sphacèle n'est pas toujours observé en pareil cas. Dans les cas de torsion incomplète, récemment opérés la *restitutio ad integrum* est fréquemment observée.

Dans les torsions complètes, datant de plusieurs jours, la vitalité du testicule est fortement compromise, — on observe alors deux éventualités. Ou bien l'*atrophie testiculaire*, due à l'orchite interstitielle développée autour de foyers d'infarctus, et entraînant au point de vue des sécrétions testiculaires, internes et externes, des conséquences sérieuses.

Ou bien le *sphacèle* avec ou sans suppuration. Dans un cas, il s'agit d'une simple dégénérescence granulo-graisseuse ; dans l'autre, c'est l'élimination gangreneuse du testicule, qui survient.

La torsion de l'*hydatide sessile* donne, cliniquement, un syndrome absolument comparable à celui de la torsion du testicule lui-même.

C'est encore le tableau de l'orchite aiguë primitive, avec quelques signes particuliers : l'intensité moindre de tous les symptômes de l'œdème, de la fièvre ; et surtout la présence d'un point douloureux maximum au pôle supérieur de la glande.

Au total, les torsions partielles, basses de l'appareil génital masculin, aboutissent cliniquement au syndrome de l'*orchite aiguë*, alors que les torsions totales, haut situées en général, simulent l'*étranglement herniaire*.

Le diagnostic assez facile à porter dans le cas de torsion haute, devient bien plus délicat dans les cas de torsion basse, et en règle générale, le diagnostic réel n'est porté qu'à l'intervention.

Ce qu'il faut retenir, c'est que l'on doit opérer les orchites primitives des enfants ; certes, la *forme inflammatoire aiguë de la tuberculose testiculaire* existe et c'est avec elle que l'on risque le plus de faire une confusion ; mais celle-ci est tout à fait exceptionnelle, alors que les torsions testiculaires sont relativement fréquentes.

Ombrédanne sur 9 cas a trouvé 6 torsions, et 3 cas douteux, où la torsion avait pu être passagère.

L'inoculation au cobaye fut négative dans ces cas ; la guérison fut obtenue dans tous les cas, « ce qui ne cadre guère avec l'idée d'une infection » (Ombrédanne).

Le *traitement* réside exclusivement dans l'intervention chirurgicale. Que la torsion soit haute ou basse, que le diagnostic avec l'orchite, et à plus forte raison avec l'étranglement herniaire, soit douteux, il faut opérer rapidement, la détorsion par manœuvres externes ne donnant aucun résultat.

Faut-il castrer, ou, au contraire, être conservateur ? Tout dépend de l'état du testicule. S'il existe des lésions de sphacèle ou d'infection, il faut enlever la glande sans hésitation.

Si la coloration change, même si l'infarctus semble très prononcé il faut conserver la glande. Bien que des coupes histologiques (Mauclaire et Vigneron), nous aient appris qu'en pareil cas, il existe de profondes altérations des cellules seminales et du tissu interticl, il semble que l'on ne doive pas pratiquer systématiquement l'ablation de la glande.

Au contraire, le traitement de choix est le *traitement conservateur*. A part les cas de grosses lésions de nécrobiose aseptique ou septique, tous les autres doivent être traités par la détorsion associée à la fixation du testicule au scrotum. On emploiera, autant que faire se peut, la méthode d'Ombrédanne, qui met à l'abri des récidives.

L'atrophie testiculaire consécutive doit-elle être traitée par les *greffes testiculaires* ? C'est ce que l'avenir seul pourra nous dire.

Bibliographie

SEBILLEAU et DESCOMPS, LE DENTU, DELBET, 1916.
LAPOINTE, *Mémoire*, 1904, Paris.
CHEVASSU, *Arch. gén. chir.*, 25 septembre 1908.
MAUCLAIRE, *Tribune médicale*, 1894, p. 467.
COSSIN, *Thèse Paris*, 1894.
DELASIANNE, *Revue méd. franç.*, 1840.
BAROZZI, *Soc. Anatomique*, 1898.
OWEN, *Lancet*, 1898.
LEGUEU, *Soc. Chirurgie*. 15 juillet 1896.
VAUVERTS, *Ann. org. genit. urin.*, 1904.
RIGAUX, *Thèse Montpellier*, 1903.
LATRILHE, *Thèse Paris*, 1912.
SCHUMACHER, *Schweizerische Rundschau für medizin.*, 25 février 1911.
SOULIGOUX, *Soc. Chirurgie*, 1913, n° 26.
OMBRÉDANNE, *Presse médicale*, 1913, n° 59.
MAC CONNEL, *Lancet*, 1912, n° 4625.
LEJARS, *Semaine médicale*, 1904, p. 363.
MAUCLAIRE et VIGNERON, *Soc. Anat.*, 4 février 1923.
RUTOLO, *Gaz. degli Ospedali*, 18 novembre 1923.
MOUCHET, *Presse médicale*, 30 mai 1923.
OMBRÉDANNE, *Chirurgie infantile*, 1924.
VISCONTINI, *Gaz. degli Ospedali*, 21 août 1913.
NICOLICH, *Il Policlinico*, 28 avril 1924.

LES KYSTES DU VAGIN

Gazette des Hôpitaux, n° 93 du 21 novembre 1925

Sur toute la hauteur du trajet primitivement occupé par le corps de Wolff et par son canal, peuvent s'échelonner une série de formations kystiques possédant un ensemble de caractères communs, et relevant du même facteur embryologique.

Les kystes du vagin, les plus inférieurs de tous, appartiennent à cette catégorie, de même que les kystes pararénaux (Przewoski), qui en représentent les formations les plus élevées, et au même titre que certains kystes intramésentériques (Jacquot et Fairisse), parovariens (Velpeau), intraligamentaires (Forgue), ou latéro-pelviens (Silhol), qui en constituent les échelons intermédiaires.

Tous ces *kystes wolffiens* se resemblent par certains caractères macroscopiques et microscopiques.

Ce sont des tumeurs liquides, uniloculaires, sphériques, ou ovoïdes, de surface unie et régulière. Développées dans le tissu cellulaire sous-péritonéal, elles sont entourées d'une atmosphère celluleuse lâche, qui permet leur énucléation, sauf en un point qui paraît être leur base d'implantation. Leur contenu liquide est clair, albumineux, riche en chlorures et en paillettes de cholestérine.

Microscopiquement, leur épithélium est formé par une seule assise de hautes cellules cylindriques, à noyaux volumineux, souvent à cils vibratils.

Les kystes du vagin revêtent tous ces caractères primordiaux. Les causes qui favorisent leur développement, les symptômes et les complications auxquels leur présence donne lieu, le traitement qu'il convient de leur appliquer, constituent les points particuliers qu'il est intéressant de préciser dans cette étude.

*
* *

PATHOGÉNIE ET ANATOMIE PATHOLOGIQUE

La région abdomino-pelvienne est, au cours du développement de l'embryon, le siège de nombreux remaniements, de formations transitoires, successives, qui, de l'épithélium germinatif de Waldeyer aboutissent à la constitution définitive de l'arbre génito-urinaire.

Parmi ces modifications, il en est une primordiale, qui joue un rôle capital dans la pathogénie des kystes du vagin ; c'est la différenciation du canal émané du rein primitif.

Celui-ci se dédouble parallèlement à son axe, et donne ainsi naissance à deux canaux accolés en canon de fusil, l'un antérieur, le canal de Wolff, l'autre postérieur, le canal de Müller.

Chez la femme, le canal de Müller seul se développe, alors que son congénère s'atrophie et normalement disparaît en totalité. Mais les anomalies de régression sont fréquentes et il subsiste souvent à l'état des débris vestigiaux, une série de formations étagées sur toute la hauteur du ligament large : organe de Rosenmuller, parovaire, et canal de Gartner.

La régression se faisant de haut en bas, la persistance totale ou partielle du canal de Gartner s'observe plus fréquemment encore que celle des autres vestiges du canal de Wolff. Chez 25 p. 100 des femmes, on le retrouve, mais on conçoit que sa forme, sa longueur, ses rapports, soient essentiellement variables, suivant le mode d'arrêt du processus de régression. C'est ainsi que le canal de Gartner peut être fragmenté en plusieurs segments, ou au contraire continu, formant un tube plein ou creux. Quand il est court, il longe la partie inférieure du bord latéral de l'utérus et vient se perdre dans sa paroi, au niveau de la portion sus-vaginale du col utérin. Quand il est long, il descend le long de la paroi antéro-latérale du vagin, jusqu'au voisinage de l'hymen.

C'est alors un conduit étroit, flexueux, dont l'extrémité supérieure effilée est située à la base du ligament large, au niveau de la crosse de l'artère utérine. Il chemine en compagnie de l'artère cervico-vaginale, dans le tissu cellulaire de la gaine hypograstique et vient se terminer par une extrémité inférieure, élargie en une dilatation ampullaire située sous la muqueuse de la paroi latérale du vagin. Dans certains cas, cependant, le canal possède un orifice, situé soit sur la paroi vaginale (Kœberlé, Recklinghausen) soit à l'hymen (Klein, Grochiff), soit au voisinage du méat urinaire (comme chez les animaux femelles, Klein).

A l'examen microscopique, le canal de Gartner se présente comme un tube revêtu d'un épithélium cylindrique, à une ou deux assises de cellules, et entouré d'une gaine musculaire lisse, peu épaisse.

C'est à cette formation que la plupart des auteurs, après Veit Wolff et Zugenspeck (1887), attribuent la paternité des kystes du vagin, que nous proposons d'appeler *kystes paravaginaux*, par analogie avec les kystes parovariens et paranéphrétiques.

Signalons toutefois que certains auteurs ont pu attribuer une origine müllerienne à certains kystes postéro-latéraux (Robert Meyer) et une origine glandulaire aux formations kystiques juxta-vulvaires (Fredet).

Sous réserve de ces cas particuliers, qui se distinguent par leur siège et leur constitution histologique, la très grande majorité des kystes du vagin reconnaissent une *origine wolffienne*, et c'est cette notion qui doit dominer toute la pathogénie de ces kystes.

La confirmation de cette théorie est fournie par les données de l'anatomie pathologique.

Dans 80 p. 100 des cas (Poupinel), ces kystes sont uniques, et siègent avec une remarquable fréquence à droite. Toutefois, on a signalé un chapelet de trois à quatre kystes (Johnston) échelonnés verticalement le long du canal de Gärtner.

Leur volume varie entre celui d'une noisette et celui d'un œuf ; mais Veit en a vu un du volume d'une tête de fœtus.

En général ils sont piriformes et ils possèdent un prolongement plein ou creux se dirigeant dans le ligament large, dans la région de la bifurcation du pédicule utéro-vaginal.

Recouverts partiellement par la muqueuse vaginale aminciе au point de laisser transparaître la teinte du contenu kystique, ils sont constitués par une paroi mince qui adhère extérieurement d'une façon assez intime aux tissus avoisinants, surtout en haut, au niveau du pédicule. Intérieurement, la surface est blanc rosé, lisse en général, avec parfois cependant de petites excroissances jaunâtres. Le liquide contenu est en général limpide, visqueux, filant, parfois mucoïde (Foucault).

Histologiquement, l'épithélium de recouvrement est cylindrique ; les hautes cellules à gros noyau périphérique, sont terminées par de longs cils vibratils ; toutefois le revêtement épithélial n'est pas toujours aussi typique, ni aussi uniforme, et il n'est pas rare de trouver dans un même kyste des îlots d'épithélium cylindrique cilié ou non, des cellules aplaties à gros noyau, et même des cellules pavimenteuses stratifiées.

Ce revêtement épithélial repose par l'intermédiaire d'une basale sur une mince couche conjonctive, parcourue de capillaires, doublée elle-même d'une couche musculaire lisse, à fibres circulaires et longitudinales.

Telles sont les caractéristiques des kystes vaginaux d'origine wolffienne. Notons que ce ne sont pas les seuls que l'on puisse observer dans cette région. Outre les *kystes dermoïdes* (Veit, Vautrin), très rares, qui ont plutôt une évolution abdominale, on a signalé des formations kystiques superficielles, multiples, peu volumineuses, tapissées d'un épithélium pavimenteux ou cylindrique. Il s'agit de *kystes pseudo-glandulaires* développés aux dépens d'une crypte ou d'un diverticule de la muqueuse vaginale.

Zuckerkandl a signalé également l'existence de kystes postérieurs développés aux dépens du bas fond du cul-de-sac de Douglas ; il s'agissait dans ces cas de *kystes d'origine péritonéale.*

*
* *

ÉTIOLOGIE ET SYMPTOMATOLOGIE

On a signalé des kystes du vagin chez les jeunes filles et même chez les nouveaux-nés. Mais, dans la très grande majorité des cas, ces kystes s'observent chez des femmes adultes. Ce n'est pas, comme le voulait Courty, le coït (traumatisme professionnel), ni l'accouchement (traumatisme obstétrical), qui en détermine l'apparition, c'est la grossesse, qui, imprimant une suractivité à tout l'appareil génital, accroît les proportinos du kyste jusqu'ici latent. C'est vers le septième mois que le kyste est découvert, le plus souvent à l'occasion d'un examen gynécologique.

Jamais la malade n'éprouve de douleurs, mais elle ressent une pesanteur périnéale, une gêne pendant la marche, une sensation de corps étranger, et parfois même quelques difficultés de la miction. Enfin on constate souvent un écoulement leucorrhéique abondant.

Les seuls symptômes caractéristiques sont fournis par l'examen physique.

En faisant pousser la malade, on voit, après avoir écarté la vulve, apparaître le pôle inférieur du kyste qui soulève la paroi antéro-latérale du vagin, le plus souvent, à droite de la ligne médiane. La muqueuse vaginale a gardé sa souplesse et sa mobilité, mais elle est tendue sur le kyste, et a perdu sa coloration habituelle ; elle est le plus souvent bleuâtre, et comme transparente.

Par le toucher, on se rend compte que le kyste se prolonge vers le fond du dôme vaginal, et qu'il emplit la presque totalité du canal obstruant partiellement le col utérin, gênant le doigt explorateur, et empêchant l'introduction du spéculum.

Sa limite supérieure est très difficile à apprécier. Le toucher rectal, combiné au toucher vaginal, peut parfois renseigner sur ce point.

Sur toute sa hauteur, le kyste est uniformément tendu, rénitent, élastique. Il est indolore, et irréductible. Il a tendance à augmenter progressivement de volume, et aux dernières semaines de la grossesse, il a pu acquérir des dimensions considérables.

Quand on se trouve en présence d'un kyste de petit volume, haut situé, l'examen pratiqué soit à l'aide du spéculum, soit à l'aide de valves, permet de se rendre compte du siège et des dimensions de la tumeur,

7

complète ainsi les renseignemnets fournis par le toucher.

S'il s'agit d'un kyste antérieur, il peut être utile d'introduire une sonde métallique dans la vessie, afin de se rendre compte des connexions de la tumeur avec l'urètre et le bas-fond vésical. La cystoscopie ne montre en pareil cas qu'une voussure paramédiane du plancher de la vessie, située en avant des orifices uretéraux.

Les *complications* des kystes du vagin sont loin d'être exceptionnelles.

Certains kystes, de par leur volume, ou leur siège, peuvent entraîner des *accidents mécaniques* : troubles de la miction, cystite, rétention d'urine (De Lerda) ; d'autres plus rares, déterminent des troubles de la défécation. Mais un certain nombre d'entre eux *se rompent,* et *suppurent.* La rupture peut être provoquée soit par suite de l'excès de tension intra-kystique, soit par suite de la torsion de leur pédicule (Raimbert), soit par suite d'un traumatisme, et en particulier par l'accouchement.

Après la rupture, la paroi kystique peut se cicatriser, et la poche se reconstitue. Dans la règle, le kyste *suppure.* Cette suppuration est très abondante, très fétide, et de très longue durée (Perdoux). Les parois kystiques envahis par les saprophytes habituels du vagin, s'infectent rapidement, s'épaississent, donnant lieu à un écoulement purulent, interminable, qui peut lui-même être le point de départ d'accidents sérieux du côté de la cavité utérine.

Toutes ces complications s'observent de préférence au cours de l'accouchement.

La grossesse, qui par elle-même n'est pas influencée par la présence de la tumeur, détermine une augmentation de volume du kyste. Celui-ci, au moment de l'accouchement, ne devient qu'exceptionnellement une cause véritable de dystocie (cas de Focher : volumineux kyste postérieur s'opposant au passage du fœtus) ; mais en règle générale il se rompt, soit parce qu'il est refoulé en avant par le pôle fœtal, soit parce qu'il est écrasé contre la paroi osseuse du pelvis. La suppuration de la poche peut alors entraîner des phénomènes infectieux vaginaux et utérins, et favoriser l'infection puerpérale (Lang).

*
* *

DIAGNOSTIC ET TRAITEMENT

Le diagnostic du kyste du vagin est en général facile à poser.

On ne peut guère le confondre avec une *cystocèle*, une *urétrocèle*, ou une *rectocèle* qui font saillie sur la ligne médiane de la paroi antérieure ou postérieure du vagin, qui sont réductibles, et que l'on reconnaît aisément grâce au cathétérisme urétal, ou au toucher rectal.

L'entérocèle, rarement observé, se caractérise par la présence d'une anse intestinale, dans le bas fond du cul-de-sac de Douglas ; elle forme une masse molle, arrondie, réductible par la pression directe.

Quant au *prolapsus total utéro-vaginal*, il sera aisément reconnu en faisant tousser ou pousser la malade.

Des kystes haut situés ont pu être pris pour des *ovaires kystiques prolabés* ou pour des *kystes inclus dans le ligament large* ; c'est par le toucher vaginal associé au palper abdominal, par la recherche des connexions exactes de la tumeur avec l'utérus que l'on pourra établir le diagnostic.

Inversement, des *kystes hydatiques du petit bassin* ont pu être pris pour des kystes du vagin situés dans le cul-de-sac de Douglas, ou dans le cul-de-sac vésico-utérin ; ces kystes durs et tendus adhèrent précocement aux organes avoisinants, et provoquent des accidents de compression.

Leur diagnostic est délicat, et ne pourra être fait qu'à l'aide de la réaction de Weinberg.

Quant aux *kystes de la glande de Bartholin*, aux *kystes des petites lèvres*, ils seront aisément reconnus par leur situation et leur forme.

Les autres *tumeurs du vagin* sont infiniment plus rares que les kystes.

Le *fibro-myome* se développe dans la cloison vésico-vaginale et adhère à l'urètre ; il est dur, indolent et peu volumineux.

Le *sarcome*, dur, bosselé, adhère rapidement aux organes voisinants et finit par s'ulcérer ; on ne peut le confondre, pas plus que l'*épithélioma* avec le kyste du vagin.

Il faut encore avoir présent à l'esprit la possibilité d'une *bifidité utéro-vaginale*. Cette malformation, due à la fusion incomplète des canaux de Müller, se traduit par la présence de deux vagins dont l'un est le plus souvent atrophié et parfois obturé. Dans cette cavité close vient se collecter le sang menstruel provenant de la moitié correspondante de l'utérus. Il se constitue donc un *hématocolpos latéral*, qui peut, à l'occasion, devenir un *pyocolpos latéral*. Ce n'est souvent qu'après l'ouverture de la poche, l'examen du contenu, et la découverte du second museau de tanche que le diagnostic exact peut être porté.

Le kyste une fois reconnu, le traitement chirurgical s'impose. Les ponctions et incisions simples devant être rejetées, le seul traitement à conseiller en pareil cas, c'est l'*extirpation totale* de la tumeur.

Le chirurgien incise le kyste suivant son grand axe, laisse écouler son contenu, et dissèque les parois du kyste ouvert, comme on le pratique pour un sac herniaire mince. Cette dissection, facile dans la partie inférieure du kyste, devient délicate dans la partie haute, au niveau du pédicule. Il faut dissocier prudemment, en s'aidant de la sonde cannelée, le tractus fibreux qui prolonge le kyste et qui s'insinue entre les vaisseaux utéro-vaginaux.

Dans le cas où il serait impossible d'enlever complètement la paroi supérieure, il faut la détruire au moyen de la curette, du nitrate d'argent ou du chlorure de zinc. L'emploi du thermo-cautère est formellement déconseillé.

En présence d'un kyste ouvert, infecté et suppuré, la dissection est particulièrement ardue et il est très difficile, sous peine d'hémorragie importante d'enlever complètement la paroi kystique. C'est au curettage de la poche, à la cautérisation et au tamponnement que l'on devra avoir recours.

Un point important à préciser est celui de la conduite à tenir en présence d'un kyste développé pendant la grossesse.

Si le kyste est peu volumineux, on peut se contenter de le ponctionner, quitte à l'enlever après l'accouchement. Mais si l'on redoute les accidents d'infection consécutive, s'il s'agit d'un kyste volumineux, ou pédiculé, il faut recourir à l'extirpation du kyste à la fin de la grossesse, de préférence sous anesthésie locale.

Bibliographie

JACQUOT et FAIRISE, Recherche sur les kystes rétro-péritonéaux d'origine wolffienne, *Revue de gynéc.*, 1913, p. 551.

LAPOINTE, Kystes wolffiens, *Bull. et nom. de la Soc. chir.*, 7 mars 1922.

SILHOL et BOURDE, Kystes wolffiens, *Arch. franco-belges de chir.*, mai 1924.

POUPINEL, Kystes du vagin, *Revue de chir.*, 1889, p. 553.

POZZI, Kystes du vagin, *Gynécol.*, p. 986.

JOHNSTON, Contribution à l'étude des kystes du vagin, *Amer. Journ. of obst.*, 1887, p. 1144.
BOURSIER, *Leçons de clinique chirurgicale*, p. 237.
RIBEMONT-DESSAIGNE, *Traité d'obstétrique*, p. 1023.
BAR, BRINDEAU, *Pratique de l'art des accouchements*, t. II, p. 352.
DUPLAY, RECLUS, *Tumeurs du vagin*, t. VIII, p. 326.
BOUILLY, *Tumeurs du vagin*, t. IV, p. 337.
SCHWARTZ-MATHIEU, *Kystes du vagin*, t. IV, p. 286.
PIQUAND, In *P. M. C.*, t. VIII, p. 858.
BEGOUIN, In *Neuf agrégés*, t. IV, p. 310.
FREDET, Les kystes du vagin, *Ann. de gyn.*, mars 1904, p. 129.
LANG, Les kystes du vagin dans leurs rapports avec la grossesse et l'accouchement, *Th. de Nancy*, 1903.
MARION, Les kystes du vagin, *Gaz. des hôp't.*, 1er. fév. 1902.
POLIDOR, Des canaux de Gärtner, *Th. de Bordeaux*, 1901.
ROBERT, Contribution à l'étude des kystes du vagin, *Th. de Paris*, 1899.
WEIL, Contribution à l'étude des kystes du vagin, *Th. de Nancy*, 1904.
HARTMANN (G.-L.), Les kystes du vagin, *Th. de Paris*, 1919.

LES PAROTIDITES POST-OPÉRATOIRES ET LEUR TRAITEMENT

Archives Médico-chirurgicales de Province, Mai 1925

Tous les chirurgiens connaissent cette douloureuse complication qui vient, chez des sujets déjà affaiblis par la maladie, compromettre des résultats opératoires parfois péniblement acquis.

Une parotidite, survenant dans de telles conditions, est un signe de mauvais augure, et tous les efforts doivent tendre à éviter son apparition ou à arrêter son développement.

De nombreux moyens thérapeutiques ont été préconisés, tant au cours de la phase pré-opératoire que pendant les jours qui suivent l'acte chirurgical, alors que l'on assiste à l'éclosion des premiers symptômes.

Parmi ces moyens, *la vaccinothérapie* semble devoir occuper une place de premier plan ; employée à titre préventif, elle peut donner des résultats intéressants bien que difficiles à apprécier, et surtout à contrôler ; utilisée, au contraire, à titre curatif, elle constitue une arme puissante, dont l'efficacité apparaît avec plus de netteté.

Nous avons eu l'occasion d'appliquer ce mode de traitement dans un cas grave, et nous avons été frappé des résultats obtenus que nous tenons à rapporter ici.

Mais avant d'aborder la question de cette application nouvelle de la vaccinothérapie, nous rappellerons d'une façon succincte le mécanisme, les causes, les symptômes essentiels de parotidites post-opératoires.

*
* *

Pathogénie. — A part les cas, relativement rares, de *parotidite suppurée métastatique* survenant au cours d'une pyohémie, coïncidant avec d'autres manifestations, articulaires par exemple, et dont l'origine sanguine ne peut être niée, la très grande majorité des cas de parotidites post-opératoires sont consécutifs à une *infection ascendante, canaliculaire,* à point de départ buccal.

Les modifications de la muqueuse située autour de l'orifice du canal de Sténon, l'altération de ce canal, la disposition centro-lobulaire des lésions inflammatoires intra-parotidiennes, l'atteinte, plus fréquente du pôle inférieur de la glande, les résultats négatifs de l'hémoculture, constituent les bases essentielles de cette séduisante théorie communément adoptée à l'heure actuelle.

C'est à juste titre que sont tombées dans l'oubli les pathogénies si âprement discutées autrefois : la propagation lymphatique, la voie réflexe, ou même la sympathie génito-salivaire !

Expérimentalement, on a pu reproduire les mêmes lésions infectieuses, soit en injectant des cultures microbiennes dans le canal de Sténon (Claisse et Dupré) soit en badigeonnant la muqueuse buccale après avoir supprimé la sécrétion salivaire par l'atropine (Legueu, Verliac et Morel).

Les modifications salivaires jouent en effet un rôle capital dans la pathogénie de ces accidents ; toutes les causes qui provoquent la diminution du flux salivaire (rôle mécanique), la disparition du sulfocyanure de potassium (rôle chimique), l'apport sanguin intraglandulaire (rôle physiologique) favoriseront le développement de la parotidite.

Voyons de quelle façon les conditions peuvent être réalisées chez un opéré.

Etiologie. — Les parotidites post-opératoires s'observent de préférence chez les femmes (85 p. 100) à la suite d'interventions abdominales.

Contrairement à l'opinion classique qui admettait que cette complication ne s'observait qu'après les ovariotomies, les parotidites peuvent survenir après toute opération abdominale : appendicite, hernie, gastro-entérostomie. Si, toutefois, elles viennent plus fréquemment compliquer les opérations pelviennes, c'est que la durée de l'intervention, la spoliation sanguine, le shock chirurgical sont plus considérables. L'anesthésie générale joue assurément un rôle funeste ; la rachianesthésie ne compte pas un seul cas de parotidite post-opératoire à son actif alors que l'éther et surtout le chloroforme en sont les principaux responsables.

En réalité il faut tenir compte avant tout de l'état antérieur du sujet. Toutes les causes qui diminuent la résistance générale de l'organisme, les grandes hémorragies des fibromes, des grossesses extra-utérines, les états infectieux à point de départ appendiculaire ou annexiel, prédisposent essentiellement aux parotidites.

D'autres facteurs plus importants encore doivent être signalés ; ce sont la déshydratation de l'individu, la suppression de l'alimentation solide, la diète prolongée, enfin la mauvaise dentition, la septicité du milieu buccal, l'absence de soins dentaires.

Clinique. — C'est à la fin du premier septenaire que les parotidites font leur apparition, quand la courbe thermique était redescendue à la normale et que le malade semblait hors de danger.

Toutefois, l'examen attentif permet de déceler une

sécheresse particulière de la langue, une rougeur caractéristique de la muqueuse buccale, une sensation de soif ardente que rien ne peut calmer. Les lavages de bouche, les badigeonnages de gencives, les gargarismes n'ont pu calmer cette *stomatite érythémateuse* qui tend à augmenter chaque jour.

Le 8e ou le 10e jour les *phénomènes* s'exaspèrent, les mouvements de déglutition deviennent difficiles, la parole est embarrassée et une douleur vive apparaît à l'angle de la mâchoire. On remarque en même temps une élévation thermique notable (38°5-39°), une accélération du pouls (110-120) et un malaise général avec frissonnements. Les symptômes locaux commencent alors à se préciser.

La tuméfaction parotidienne débute en général par le côté droit et atteint d'abord le pôle inférieur de la glande, trahissant ainsi l'origine ascendante, canaliculaire, de l'infection.

La dépression rétro-angulo-maxillaire disparaît tout d'abord, le lobule de l'oreille se soulève, puis la tuméfaction gagne de *bas en haut* la région pré-auriculaire.

En 36 heures, la glande est atteinte dans toute sa hauteur ; l'œil et le doigt perçoivent un œdème rosé joint à la tension douloureuse des téguments.

L'autre parotide se prend à son tour, et, au 4e jour, la déformation classique de la face est constituée.

L'examen de la cavité buccale permet de constater le progrès de la stomatite. La sécheresse de la langue, la fétidité de l'haleine, la rougeur diffuse de la muqueuse, la saillie œdémateuse de l'orifice du canal de Sténon, accompagnent toujours les douloureuses manifestations parotidiennes.

A ce moment, la situation est critique ; les douleurs sont assez intenses pour empêcher le malade de dormir, de s'alimenter, de déglutir même sa propre salive. La température reste élevée, le pouls rapide, et le pronostic post-opératoire semble considérablement assombri.

Quelle sera, en effet, l'*évolution* de cette parotidite ?

Va-t-elle tourner court, aboutir à une résolution spontanée, laissant derrière elle une induration lente à disparaître ?

Va-t-elle, au contraire, aboutir à la formation d'*abcès* que décèleront la fluctuation profonde, l'augmentation de l'œdème, enfin l'aspect violacé de la peau, signe avant-coureur de l'évacuation de la collection au dehors ?

Dans certains cas, même, heureusement fort rares, il se produit des *fusées purulentes* cervicales, latéro-pharyngiennes, ou encore des lésions *gangréneuses* de la parotide entraînant la mort du malade au milieu de symptômes septicémiques.

Le *pronostic* doit donc être toujours réservé, et s'il est vrai que les formes bénignes sont observées plus fréquemment que toutes les autres, on doit toutefois considérer l'apparition de ces complications comme un signe trahissant une diminution notable de la résistance de l'organisme et une altération profonde de l'état général de l'opéré.

Aussi convient-il de mettre en œuvre, dès le début, tous les moyens permettant de s'opposer au développement post-opératoire des parotidites.

*
* *

Traitement. — Nous envisagerons successivement les mesures prophylactiques et le traitement curatif des parotidites.

1° Prophylaxie. — Elle découle des considérations étiologiques et pathogéniques signalées au début de cette étude.

Avant l'opération, il faut, après avoir pratiqué les examens habituels d'urine et de sang, combattre la déshydratation par tous les moyens (boissons abondantes, sérum glucosé sous-cutané ou intra-rectal), s'opposer à l'inanition (féculents, jus de viande) et s'assurer du bon fonctionnement du tube digestif ; on ne se contentera pas de provoquer l'évacuation du contenu intestinal, on sera souvent amené à faire des lavages d'estomac, et surtout à surveiller l'état de la dentition du futur opéré (extirpation des chicots, brossage des dents et lavages de bouche).

Malheureusement, le temps manque souvent pour pratiquer tous ces soins, et dans les cas urgents, c'est au sérum, à la médication toni-cardiaque et même à la transfusion sanguine que l'on devra avoir recours.

La *vaccination préventive,* telle qu'on la comprend aujourd'hui « paraît pouvoir diminuer la gravité d'une bactériémie passagère » (Lardennois) et constituera peut-être, dans l'avenir, une méthode susceptible de s'opposer aux complications post-opératoires. La question est encore à l'étude et il est difficile d'en tirer des conclusions précises.

2° Soins post-opératoires. — Il faut veiller, avec le plus grand soin, à la désinfection de la cavité buccale (lavages de bouche fréquents avec de l'eau additionnée de jus de citron, nettoyage des gencives, brossage des dents).

On ordonnera les injections de sérum, on reprendra au plus vite l'alimentation, et on sera sobre d'injections de morphine (qui diminue la sécrétion salivaire).

Traitement curatif. — Devant une parotidite déclarée, trois moyens ont été, jusqu'ici, préconisés.

Les pansements humides ;

L'expression de la glande ;

L'ouverture du foyer purulent.

L'incision doit être réservée à tous les cas de parotidites gangréneuses, et aux cas de parotidites suppurées qui ne peuvent être évacués par les voies naturelles, ou qui sont insuffisamment drainés par le canal de Sténon.

Duplay (*Gaz. des Hôpitaux*, 1891) préconisait, selon les circonstances, les incisions étagées, ou une longue et profonde incision en avant de l'oreille, en arrière de la branche montante.

Morestin (*Soc. chir.*, 4 déc. 1907) préfère l'incision oblique passant au-dessous de l'oreille et se dirigeant vers la sous-maxillaire. On draine ainsi, au point déclive, le pôle inférieur de la parotide, et l'on risque moins de léser le facial.

Mais l'incision première est souvent insuffisante ; la sédation obtenue par le débridement n'est que passagère ; de nouveaux abcès se forment, obligeant le chirurgien à pratiquer des débridements successifs.

Dans les cas favorables, où la suppuration tarit assez vite, où l'on a pu éviter la formation d'une fistule parotidienne ou une paralysie faciale gênante, il se produit toujours une cicatrice disgracieuse, parfois douloureuse.

Il faut à tout prix éviter pareille éventualité. Aussi a-t-on cherché à vider la glande de son contenu par *l'expression*, et à utiliser ainsi le « drain naturel » de la parotide.

Les massages sont pratiqués méthodiquement d'arrière en avant, deux ou trois fois par jour ; ils provoquent ainsi l'issue du pus ou du muco-pus par l'orifice du canal de Sténon. « Ce n'est pas le canal qu'il faut exprimer, c'est la glande tout entière » (Prof. Delbet, *Soc. chir.*, 23 oct. 1907). Dans un cas, Morestin a pratiqué le débridement de l'orifice de Sténon pour assurer l'évacuation de son contenu.

L'expression glandulaire, associée aux larges enveloppements humides, permet ainsi de vider la collection suppurée et d'empêcher la propagation de l'infection au reste du parenchyme glandulaire.

Cette manœuvre est, sans nul doute, efficace dans bien des cas, mais elle est douloureuse, et dans un tiers des cas environ ne permet pas d'éviter l'incision.

Tous ces procédés, somme toute, ne sont que des palliatifs qui ont leur part d'échecs et d'insuccès. Aussi a-t-on le droit de chercher dans la vaccinothérapie un adjuvant aux médications proposées jusqu'alors.

Nous avons eu l'occasion de traiter récemment avec un plein succès, une parotidite post-opératoire grâce au vaccin de Delbet. Sauf erreur, il est le premier cas traité par cette méthode et publié à ce jour (1).

OBSERVATION PERSONNELLE. — Mme M..., habitant à Aslonnes, est transportée d'urgence à la maison de santé le 2 août 1924, pour hémorragies graves, dues à un fibrome.

On pratique aussitôt des injections d'Anthéma et d'ergotine. Les métrorragies cessent le lendemain et la température revient progressivement à la normale. Pendant sept jours on administre du sérum, des toni-cardiaques, et on intervient le huitième jour.

Hystérectomie subtotale avec conservation de l'ovaire droit, pas de drainage.

Anesthésie générale à l'éther, durée de l'intervention : 30 minutes.

La malade, assez schokée, est soumise aussitôt aux injections de sérum et d'huile camphrée. Dès les premiers jours, elle accuse une sécheresse particulière de la bouche et de la gorge, plus intense que celle que l'on observe d'habitude en pareil cas. Elle se plaint d'une soif intense et malgré les lavages de bouche, les badigeonnages, les boissons chaudes, cette pénible sensation persiste pendant les dix premiers jours.

Pendant ce laps de temps, d'ailleurs, la température présente quelques oscillations sans accélération notable du pouls.

Le soir du 10e jour, la malade éprouve des frissonnements, un malaise général, associé à une élévation thermique à 38°,6.

(1) Je tiens à remercier ici M. le Professeur Delbet et M. le docteur Leveuf, chirurgien des Hôpitaux qui ont bien voulu favoriser mes recherches à ce sujet.

Me M. . . .

Diagnostic

Mois Août 24	13	14	15	16	17	18	19	20	21	22	23	24	25	26	27	28	29	30	31	1	2	3	4	5	6	7	8	9	10	11	12	13	14	15	16	17	18	19	
Jours de maladie								1	2	3	4	5	6	7	8	9	10	11	12	13	14	15	16	17	18	19	20	21	22	23	24	25	26	27	28	29	30	31	

R. P. T.

R: 20, 30, 40, 50, 60, 70, 80
P: 60, 80, 100, 120, 140, 160, 180
T: 35°, 36°, 37°, 38°, 39°, 40°, 41°, 42°

Ergotine
Anthema
Huile camphrée
Sérum
Huile camphrée
Sérum
Huile camphrée
Sérum
Huile camphrée
Sérum
Huile camphrée
Sérum

Opération

Huile camphrée
Sérum
Morphine
Huile camphrée
Sérum
Sérum
Huile camphrée
Huile camphrée
Huile camphrée
Env. Rumides

Propidon
Propidon

parotidite

Le 11e jour, au matin, on constate une tuméfaction douloureuse de la parotide droite. On applique des enveloppements humides, et on continue à pratiquer une désinfection énergique de la cavité buccale.

Le soir, la parotide droite est tuméfiée sur toute sa hauteur : temp. 38°,8. La pression de la glande fait sourdre une goutte de muco-pus.

Le lendemain matin, 12e jour, la tuméfaction a augmenté encore et le pôle inférieur de la parotide gauche commence à se prendre à son tour.

On pratique séance tenante une injection de propidon de 1 cmc. 1/2.

Le soir, élévation de température à 39°,2, pouls à 115. L'injection a été suivie de frissons, de malaise général; mais les douleurs parotidiennes ont presque disparu et la tuméfaction de la parotide droite et du pôle inférieur de la parotide gauche n'a pas augmenté.

Le 13e jour, sédation de tous les symptômes.

Chute de température à 37°,4 ; chute du pouls à 80, polyurie ; sensation de bien-être et d'euphorie après une nuit de repos. La malade ne souffre plus, la langue est humide, la tuméfaction parotidienne décroit ; la déglutition est possible et l'on reprend aussitôt l'alimentation. Le soir 37°,3 ; la paroditite droite est encore perceptible.

Le 15e jour, on pratique une nouvelle injection de propidon (3 cmc.). Le soir température à 38°.

Dès le lendemain 16e jour, la guérison de la parotidite est désormais assurée ; tous les symptômes disparaissent, la température revient à la normale et s'y maintiendra jusqu'à la sortie de la maison de santé (31e jour).

De cette observation, il faut retenir les faits suivants :

Les manifestations parotidiennes sont apparues *onze jours après l'intervention,* précédées par une stomatite que les moyens habituels n'ont pu calmer ; elles se sont développées avec rapidité ; en 36 heures la parotide droite et le pôle inférieur de la parotide gauche étaient atteints.

Deux injections de propidon ont été pratiquées à trois jours d'intervalle ; les doses employées ont été de 1 1/2 et 3 cmc.

Toutefois, l'effet obtenu a été aussi heureux que rapide.

A part une très légère réaction locale et une poussée thermique passagère, le propidon a provoqué une sédation nette de tous les symptômes.

A ce point de vue, il est deux remarques importantes à faire.

1° *La disparition de la douleur.* — C'est un fait bien connu et d'observation courante ; le propidon fait disparaître la sensation douloureuse spontanée en même temps qu'il arrête la marche des lésions infectieuses. Comme au cours des anthrax ou des abcès du sein, nous avons retrouvé ici cette intéressante propriété du vaccin polyvalent appliqué à une maladie essentiellement douloureuse.

2° *La disparition de la stomatite.* — La sécheresse de la langue, la rougeur de la muqueuse, le bourrelet œdémateux de l'orifice du canal de Sténon ont disparu dès la première injection. La malade a vu disparaître sa dysphagie, sa soif intense, et a pu reprendre son alimentation.

La disparition de la stomatite qui avait provoqué et entretenu la parotidite, a entraîné l'amélioration rapide et la guérison, *en moins de cinq jours,* d'une complication pénible pour la malade... et pour le chirurgien.

L'emploi du vaccin polyvalent de Delbet est justifié par les recherches bactériologiques auxquelles se sont livrés de nombreux auteurs après Claisse et Dupré.

Le *staphylocoque doré* est l'agent habituel de la stomatite et des parotidites post-opératoires ; il est pur dans la moitié des cas ; dans l'autre moitié, il est associé à d'autres germes : streptocoque, pneumocoque, tétragène, diplocoque. Un auto-vaccin serait donc, dans certains cas, préférable au stock-vaccin ; mais étant donné la nécessité d'un traitement rapide, il semble que c'est à ce dernier qu'il faut donner la préférence.

Au total, nous pensons que la *vaccinothérapie* doit entrer en jeu dès que se déclare une parotidite post-opératoire. De nouvelles observations sont nécessaires pour confirmer les données précédentes, fixer la qualité du vaccin et la quantité à laquelle il doit être employé.

Toutefois, il nous a paru que le premier résultat obtenu avec le vaccin de Delbet était particulièrement encourageant et digne d'être signalé.

Bibliographie

Le Dentu et Delbet, art. Parotidites, t. XIX.

Lenormant, in 9 agrégés, t. II, pp. 568.

Rochard et Stern, Parotidite post-opératoire, *Thérapeutique post-opératoire*, pp. 197.

Claisse et Dupré, Les infections salivaires, *Arch. méd. exp.*, 1894, p. 41.

Girode, Infections salivaires ascendantes, *Soc. Biologie*, 1893.

Dyball, Parotidites secondaires aux maladies et traumatismes abdominaux et pelviens, *Ann. of Surg.*, 1904.

Chavannaz, Parotidites et opérations abdominales, *Journal de médecine de Bordeaux*, n° 41, oct. 1905.

Pellé, Parotidites et laparotomies, *Thèse Bordeaux*, 1907.

Morel, Parotidites post-opératoires, *Thèse Paris*, 1907.

Benoit, Parotidites consécutives à l'ovariotomie, *Thèse Paris*, 1902.

Morestin, Parotidite post-opératoire, *Bull. et mém. Soc. Chir. Paris*, oct. 1907 ; Discussion, oct-déc. 1907.

Rives et Soubeyran, Parotidites post-opératoires, *Arch. gén. de Chirurgie*, mai 1908.

Pasqualini, Parotidite post-opératoire, *Thèse Montpellier*, 1908.

Labat, Parotidites post-opératoires, *Thèse Bordeaux*, 1911.

Hadda, Parotidites, suites d'opérations abdodminales et gynécologiques, *Soc. Chir. Breslau* in *Berliner Klinische Wochenschrift*, 12 avril 1909, p. 710. Discussion : Küttner, Goldenberg, *Id.*

Costantini, Sur la fréquence du phlegmon parotidien, dans les interventions chirurgicales sur l'abdomen, *Gaz. degli Osepedali e delle Cliniche*, 1921, n° 82, p. 973.

DIAGNOSTIC DES TUMEURS MALIGNES DU COU

Archives Médico-chirurgicales de Province, Mai 1925-*Juin* 1925

LAISSANT délibérément de côté les tumeurs malignes développées dans la zone médiane du cou, en particulier les cancers thyroïdiens qui feront le sujet d'une autre étude, nous n'aurons en vue, dans cet article, que les *tumeurs malignes développées dans la zone latérale du cou.*

Il est d'un intérêt capital pour le clinicien de savoir reconnaître une tumeur maligne du cou à sa période de *début*, à la phase de tumeur circonscrite, localisée, à la phase essentiellement chirurgicale de la maladie.

En effet, par suite d'une temporisation dangereuse, trop souvent on se trouve en présence d'une tumeur maligne ayant depuis longtemps dépassé les limites de l'acte chirurgical, ayant envahi les espaces celluleux du cou, ayant diffusé le long des gaines vasculo-nerveuses, ayant provoqué déjà des phénomènes de compression tels que le chirurgien le plus hardi recule devant l'étendue des sacrifices à pratiquer chez de pareils malades.

Or l'interrogatoire apprend que la grosse masse

douloureuse, bosselée, immobilisée dans tous les sens, que l'on a sous les doigts, a commencé par être, pendant des semaines, une « petite boule » indolore, lisse, mobile, que le malade a découverte un jour, par hasard, « en se rasant ». La tumeur ne fait pas souffrir et inquiète peu son porteur ; aussi est-ce souvent au hasard d'un examen que le médecin découvre la tumeur en question. Parfois, cependant, le malade inquiet de l'augmentation progressive et rapide de la tuméfaction vient consulter.

C'est au médecin qu'il appartient de dépister la malignité de la tumeur, de conseiller le traitement immédiat. Le médecin doit savoir ne pas se contenter d'un traitement d'attente aussi commode qu'inefficace, et avoir présent à l'esprit la malignité de certaines tumeurs cervicales.

A quels signes peut-on reconnaître les tumeurs malignes du cou ?

Avec quoi peut-on les confondre ?

Quel traitement doit-on conseiller ?

Telles sont les questions qu'un clinicien avisé doit se poser en pareil cas.

1° *Les signes des tumeurs malignes du cou.* — Les tumeurs malignes cervicales peuvent être *primitives* ou *secondaires* à un cancer profond du voisinage.

Dans les néoplasmes primitifs, on doit faire une place importante aux *branchiomes* qui se développent dans cette région profondément remaniée au cours de la vie embryonnaire, et qui résultent d'une inclusion, d'un enclavement du tissu endodermique au niveau de la deuxième fente branchiale.

Au début, à la phase de tumeur circonscrite, le branchiome, qui s'observe chez l'homme vers la cinquantaine, constitue dans la région carotidienne, une petite tumeur latéro-cervicale, sous-sterno-mastoïdienne et juxta-hyoïdienne, indolente, arrondie, ovoïde, du volume d'une amande, puis, plus tard, d'un œuf de poule, de surface régulière, de consistance ferme. Les plans superficiels sont mobiles sur elle ; par contre, elle est moins mobile sur les plans profonds, mais plus cependant *dans le sens vertical que dans le sens horizontal* ; elle ne suit pas les mouvements de la déglutition, elle disparaît en partie pendant la contraction du sterno-cléïdo-mastoïdien ; elle est soulevée rythmiquement par les battements de la carotide, mais ne possède ni expansion, ni souffle.

L'exploration du cou ne révèle par ailleurs ni adénopathie, ni signes de compression. L'examen de la cavité bucco-pharyngienne est négatif.

Si on laisse s'écouler quelques semaines, la malignité de la tumeur apparaît avec netteté. C'est maintenant, une grosse tumeur bosselée, irrégulière, ligneuse, immobile, fixée de toutes parts aux organes voisins, au paquet vasculo-nerveux cervical, ainsi qu'en témoignent une circulation collatérale intense, des névralgies intolérables, des troubles dyspnéiques et dysphoniques. La peau ne se prend que tardivement, et l'ulcération n'apparaît souvent qu'après une incision malencontreuse, faite en vue d'évacuer un abcès inexistant, que semblent cependant confirmer la rougeur des téguments, la chaleur locale et la fluctuation perçue à la palpation.

Signalons que tous les branchiomes n'ont pas une évolution aussi rapide. Il existe, en effet, des *branchiomes bénins* qui diffèrent essentiellement des malins, en ce qu'ils restent longtemps à la phase de tumeurs circonscrites et localisées.

Cette forme, éminemment favorable au traitement chirurgical, doit être considérée, cliniquement, comme une tumeur maligne, car sa dégénérescence peut brusquement apparaître, alors que rien ne pouvait faire prévoir pareille éventualité.

A côté des branchiomes malins se rangent les sarcomes et les cancers primitifs ayant leur point de départ dans les organes de la région, à savoir :

2° *Les tumeurs de la glande inter-carotidienne* s'observent surtout chez de jeunes femmes. Bien limitées, arrondies, du volume d'un œuf, de consistance molle et élastique, ces tumeurs sont mobiles *dans le sens horizontal mais non dans le sens vertical.* Leur siège est caractéristique : on les trouve *au niveau de la bifurcation carotidienne,* et le voisinage de gros vaisseaux explique la présence fréquente de battements et de souffles. Elles se distinguent des branchiomes par leur localisation, leurs rapports avec le paquet vasculaire carotidien, leur longue évolution ; mais, bien qu'inoffensives, ces tumeurs peuvent dégénérer, se généraliser, ou récidiver après extirpation. Celle-ci devra donc être précoce et complète.

3° *Le cancer d'un lobe thyroïdien aberrant* est d'un diagnostic fort délicat. « Comment ne pas le confondre avec le branchiome malin, disent Bérard et Dunet, puisque leur siège se superpose fréquemment, leur évolution locale est identique. L'un et l'autre adhèrent précocement S. C. M. et au paquet vasculo-nerveux qu'ils englobent. La distinction clinique est donc impossible. »

Toutefois, ainsi que le fait remarquer Truffert, « l'épithélioma thyroïdien aberrant a toujours au début conservé des connexions avec la loge viscérale. *Il est mobile avec les mouvements de déglutition* ; le branchiome lui, est immobile. A un stade plus avancé, le diagnostic est impossible. Il est cependant intéressant de constater que le branchiome refoule la glande thyroïde et ne l'envahit jamais ».

Les autres tumeurs malignes cervicales primitives sont d'un diagnostic plus aisé.

4° *Le lymphosarcome* débute insidieusement. Il atteint tout d'abord un seul ganglion qui augmente assez rapidement de volume, tout en conservant à peu près sa forme arrondie et régulière. La peau qui le recouvre glisse normalement sur lui et la tumeur ganglionnaire indurée conserve une certaine mobilité sur les plans profonds.

Bientôt, l'aspect change et la malignité de la tumeur apparaît. Elle envahit les ganglions voisins, les organes profonds, les vaisseaux, et finalement la peau. Elle forme alors une masse irrégulière, bosselée, énorme, pseudo-fluctuante, recouverte par des téguments enflammés, qui s'ulcèrent secondairement pour donner lieu à de vastes et profondes ulcérations.

5° *Le lymphadénome* est encore plus facilement reconnu.

Il existe, de chaque côté du cou, de volumineuses chaînes formées par de très gros ganglions sphéroïdes, indolents, fermes, mobiles, libres de toute adhérence avec les ganglions voisins et avec la peau, qui est soulevée par eux.

La recherche de masses analogues dans les confluents ganglionnaires des aisselles et des aines, la radioscopie du médiastin, l'examen de la rate, l'analyse du sang permettront de confirmer un diagnostic qui s'impose à l'esprit dès l'abord.

Signalons encore, pour terminer cette énumération, *les tumeurs malignes* (*sarcomes, endothéliomes*) *de la gaine vasculaire* (Ferrarini) dont le diagnostic clinique est impossible à faire, car elles ne présentent aucun signe réellement spécial ; ce sont surtout des raretés anatomo-pathologiques. Enfin les *épithéliomas cutanés* et les *sarcomes cutanés* et *sous-cutanés* forment de vastes nappes diffuses, ulcérées et saignant au moindre contact ; elles sont granuleuses et indurées dans l'épithélioma, bourgeonnantes et bosselées dans le sarcome.

Diagnostic différentiel. — Il faut distinguer les cas où la tumeur est circonscrite et localisée, et ceux où l'infiltration a diffusé sur une large zone et atteint même tout un côté du cou.

Les premiers, de beaucoup les plus intéressants, doivent faire penser avant tout aux anévrysmes, aux adénopathies, aux tumeurs bénignes, aux néoplasmes secondaires.

Les seconds, aux phlegmons ligneux du cou et à l'actinomycose.

a) Parmi les *adénopathies cervicales*, les unes sont secondaires à une affection du voisinage ; carie dentaire ostéopériostite du maxillaire inférieur, ulcération linguale, amygdalite, lésion du cuir chevelu.

La recherche de la lésion initiale, l'exploration systématique du territoire ganglionnaire, les caractères inflammatoires de l'adénopathie, permettent facilement de les rattacher à leur véritable cause. Parmi les *adénopathies chroniques* cliniquement primitives, la *tuberculose occupe une place importante.*

Or, si la forme *polyganglionnaire* est facile à reconnaître grâce à l'aspect, à la consistance, au volume variable des différents éléments du chapelet ganglionnaire, parfois la forme *monoganglionnaire* pourra prêter à confusion. Mais la masse ganglionnaire bien que dure, régulière, lisse, indolente, est entourée d'une zone de *périadénite* qui trahit son origine, confirmée d'ailleurs par l'examen minutieux du sujet, et en particulier par l'exploration des autres confluents lymphatiques et par la recherche des cicatrices d'anciens abcès froids.

Seule, la forme *lymphomateuse de la tuberculose* est d'un diagnostic clinique difficile. Il y a, en pareil cas, adénite sans périadénite. Le gros ganglion indolent, élastique, mobile sous la peau, et sur les plans profonds n'a aucune tendance à la suppuration ; il pourrait être confondu avec le lymphadénome, si l'on n'avait recours à l'examen du sang.

Les battements présentés par les branchiomes et les tumeurs de la glande intercarotidienne doivent être différenciés de ceux que présentent les *anévrysmes carotidiens*, ceux-ci sont, en effet, et avant tout, des tumeurs *pulsatiles*, qu'accompagnent un souffle systolique et un retard ou un affaiblissement du pouls périphérique (recherche à la faciale ou à la temporale superficielle). Par ailleurs, les troubles circulatoires encéphaliques et oculaires, associés aux troubles de compression des organes voisins, sont suffisamment caractéristiques pour que le doute puisse longtemps subsister.

Les tumeurs bénignes du cou prêtent peu à confusion.

Les angiomes caverneux profonds, les *lipomes profonds* sont reconnus à leur consistance spéciale, à leur prolongement, à l'absence de tout symptôme de compression, à la lenteur de leur évolution.

Les fibromes du cou sont durs, bosselés, indolents, mobiles sur les parties voisines avec lesquelles ils ne présentent jamais aucune adhérence.

Enfin, *les kystes congénitaux* sont de grosses tumeurs molles, pâteuses, indolentes, ne s'accompagnant d'aucun trouble onctionnel, et évoluant très lentement.

Restent *les cancers secondaires des ganglions*, c'est là que réside réellement le problème du diagnostic.

Des néoplasmes éloignés peuvent retentir sur les chaînes ganglionnaires cervicales (néoplasies gastriques intestinales). Bien plus souvent, le néoplasme siège à la partie supérieure de l'appareil digestif : au *pharynx*, aux *amygdales*, aux *piliers*, à l'orifice supérieur du *pharynx*.

De tels cancers, s'ils sont toujours accompagnés

d'une masse ganglionnaire dure, bosselée, sensible et volumineuse, sont par eux-mêmes, *petits, parfaitement indolents, souvent difficiles à trouver* ; il faudra aller à leur recherche à l'aide du miroir et du laryngoscope ; on trouvera alors une petite ulcération dure, fissuraire, saignante, qui avait passé, jusqu'alors, complètement inaperçue.

Quant aux *adénopathies secondaires des néoplasmes de la langue,* des *lèvres,* de la *peau,* du *cuir chevelu,* elles seront facilement reconnues.

b) A la période de diffusion du néoplasme, il faut penser à ces vieux *phlegmons ligneux du cou* indurés, violacés, fistuleux, qui, par la longue durée de l'infection chronique, créent une sorte de cachexie, il faut penser à *la syphilis* qui peut également donner de vastes infiltrations qui fondent sous l'action du traitement spécifique ; il faut aussi faire la part de l'*actinomycose* et s'entourer de toutes les garanties du laboratoire.

TRAITEMENT

Quel est le mode de traitement que devra conseiller le médecin ?

1° On se trouve en présence d'une tumeur maligne *au début de son évolution* ; il convient de conseiller au plus tôt, dans la semaine même, l'*exérèse*. Certes, il s'agit d'une intervention importante, mais qui n'a des chances de réussir et de diminuer le plus possible les sacrifices opératoires qu'à condition d'être pratiquée très précocement. Il semble bon, en pareil cas, de faire, après extirpation de la tumeur, des applications locales de radium.

Malheureusement, ce n'est pas toujours dans les premières semaines de l'évolution du cancer que l'on voit le malade.

2° On est en présence, trop souvent, d'un cancer qui a commencé à diffuser, à se fixer, à englober les organes voisins. On a tendance actuellement, à conseiller au début du traitement, la *radiothérapie profonde*. L'acte chirurgical pourra alors être pratiqué si le volume de la tumeur a régressé d'une façon notable, et si l'on juge que les sacrifices opératoires ne sont pas trop étendus.

Telle est la formule actuellement proposée pour le traitement des tumeurs malignes du cou. L'action des agents physiques est encore à l'étude et il est permis d'espérer que les progrès réalisés dans cette voie modifieront les statistiques en apportant des résultats encourageants.

La radiothérapie et la radiumthérapie doivent être associées à l'acte chirurgical. Toutefois, elles ne peuvent se substituer à lui, car les seuls cas de guérison, jusqu'alors obtenus, l'ont été par le bistouri. Aussi est-ce un devoir pour le médecin de dépister à leur phase chirurgicale ces tumeurs de pronostic si grave.

*
* *

Dans un précédent article nous avons envisagé le diagnostic des différentes tumeurs malignes du cou, développées dans l'espace latéro-viscéral, aux dépens des éléments normaux ou anormaux de la région carotidienne, et nous avons vu qu'il existait toute une série de cancers ayant un point de départ, une structure, un mode d'évolution différents.

Il n'en est pas de même pour les *tumeurs malignes développées dans la zone médiane du cou.* A part certains *chondro-sarcomes des cartilages thyroïde et cricoïde* très rarement observés et dont le diagnostic ne peut être fait que par des examens spéciaux (endoscopie, biopsie) toutes les autres tumeurs malignes ont une seule et même origine : le corps thyroïde ; de telle sorte que le diagnostic des cancers médians cervicaux est dominé par le problème du *cancer thyroïdien.*

Malgré son polymorphisme histologique, le cancer thyroïdien réalise une entité clinique qu'il est nécessaire de savoir reconnaître au début de son évolution, à la phase de cancer localisé, de tumeur intra-capsulaire.

*
* *

Les difficultés du diagnostic du cancer thyroïdien au début résident surtout dans ce fait que le néoplasme se greffe presque toujours sur un corps thyroïde déjà profondément altéré. Il succède, en effet, dans 90 p. 100 des cas, à un *goitre* qui réalise ainsi un véritable *état précancéreux* et qui joue vis-à-vis du cancer thyroïdien le même rôle que l'adénome du sein vis-à-vis des néoplasmes de cet organe. Examinons donc quel est le mode de début du cancer greffé sur un goitre.

Le plus souvent, il s'agira d'une femme ayant atteint ou dépassé la cinquantaine qui présentait depuis longtemps un *goitre nodulaire* ou encore, mais plus rarement, un *petit goitre parenchymateux* ou un *grand kyste thyroïdien.* Ce goître qui se manifestait par la présence de un ou plusieurs noyaux arrondis, de surface régulière, de consistance dure et ferme, avait été jusque là bien toléré et ne s'accompagnait d'aucun trouble fonctionnel sérieux.

Brusquement, ce goitre silencieux, parfaitement anodin en apparence, va présenter des signes de cancérisation qui inquiéteront rapidement son porteur et l'amèneront à consulter dès les premières semaines de la transformation maligne de sa tumeur.

Mais il faut savoir que le début n'est pas toujours aussi brutal, et que par suite le diagnostic risque d'être porté plus tardivement.

Nous voulons parler, en effet, de ces *goitres évolutifs* où le passage de la tumeur bénigne à la tumeur maligne se fait de manière insensible, et où il est très difficile de savoir où finit l'adénome et où commence l'épithélioma.

Certains goitres ont présenté, en effet, au cours de leur évolution, une série de périodes d'aggravation où sont apparus des troubles fonctionnels divers : angoisse, dyspnée, toux, troubles vocaux. Chacune de ces phases d'aggravation a été suivie de périodes de rémission fort longues, de telle sorte que la lésion est restée, malgré tout, très tolérable et que la malade reste confiante dans la rétrocession habituelle de ces troubles. Survienne une nouvelle poussée évolutive, au cours de laqelle apparaissent les signes de cancérisation, la malade s'inqiète peu, attend la disparition de sa crise, et refuse toute thérapeutique active. Ce n'est que lorsqu'il est trop tard qu'elle vient demander à son médecin un soulagement impossible.

Quels sont donc ces *signes de cancérisation* grâce auxquels on pourra diagnostiquer le néoplasme à son apparition et poser ainsi à temps les indications thérapeutiques ?

A vrai dire, ces signes, s'ils sont assez nombreux, sont très souvent discrets au début, et, en tous cas de valeur très inégale. Seul, leur ensemble est caractéristique et le faisceau de présomptions qu'ils constituent permet de reconnaître la malignité de l'affection.

Le plus connu et le plus évident de tous, c'est le signe du « faux-col » qui traduit l'*accroissement de volume* du goitre. Cet accroissement est *rapide* : en quelques semaines le goitre double ou triple de volume ; il est *progressif* : le tour du cou augmente régulièrement d'une semaine à l'autre ; enfin il est *continu* et ne régresse jamais. Il en résulte une déformation cervicale rapidement et régulièrement croissante.

Le lobe thyroïdien intéressé devient volumineux, il soulève les téguments et le sténo-cléido-mastoïdien qui le recouvrent et efface les espaces vides sus-et sous-isthmiques.

Les modifications de volume marchent de pair avec les *modifications de consistance* du goitre. Il se forme dans un lobe thyroïdien une masse *compacte homogène, à limites imprécises,* non *isolable des parties voisines.* Elle est d'une *dureté ligneuse* caractéristique et sa surface, d'abord unie, devient bientôt bosselée et irrégulière. La recherche de la *mobilité* est d'une importance capitale. Si, au début, la tumeur est *mobile avec* la trachée, par contre, elle est *immobile sur* la trachée ; son adhérence précoce au conduit aérien constitue un signe de la plus haute importance. Il faut donc rechercher, en dehors de tout mouvement de déglutition, la mobilité verticale et transversale de la masse indurée.

Les organes avoisinants sont, à cette période, simplement déviés ou refoulés.

C'est ainsi que le larynx et la trachée sont refoulés du côté opposé à la tumeur ainsi que l'on peut s'en rendre compte en repérant l'angle saillant du cartilage thyroïde, et si la trachéoscopie était pratiquée, on verrait la lumière trachéale déformée, aplatie et déviée.

Les vaisseaux carotidiens sont, eux aussi, refoulés derrière le bord postérieur du lobe thyroïdien, mais ils ne sont pas encore comprimés ou englobés.

En outre, il est un signe capital que l'on doit toujours rechercher, c'est, l'*atteinte ganglionnaire.* Cette adénopathie d'alarme a pu même précéder, dans certains cas, tous les autres signes de cancérisation et a permis de décrire une *forme ganglionnaire* du cancer thyroïdien. On trouve, alors, de gros ganglions carotidiens à développement rapide, que rien ne semble conditionner, et qui peuvent en imposer pour un néoplasme primitif du tissu lymphoïde.

Mais dans la règle, l'adénopathie est plus discrète et doit être recherchée avec soin non seulement parce qu'elle vient confirmer un diagnostic hésitant, mais encore parce qu'elle permet de fixer les limites de l'extension à distance du néoplasme.

Les premiers atteints sont les ganglions périthyroïdiens ; on les trouve sur les bords de l'organe, sous forme de petites noisettes très dures, arrondies, mobiles, indépendantes de la tumeur principale.

Puis ce sont les ganglions cervicaux profonds de la chaîne jugulaire, les ganglions sus-claviculaires, et parfois ceux des régions sus- et sous-thyroïdiennes.

Rarement on verra au début un semis de granulations très dures, occupant l'aire du triangle sus-claviculaire ; il s'agirait alors de l'atteinte des ganglions superficiels.

Ce qu'il faut retenir, c'est que l'adénopathie reste unilatérale tant que la tumeur reste unilobaire et intracapsulaire.

Aux modifications des signes physiques se surajoute l'apparition de signes fonctionnels nouveaux.

Le goître, qui, jusqu'ici, avait été bien toléré est le siège de *douleurs névralgiques* progressivement croissantes en durée, en étendue, en intensité.

Certaines formes ont un début exceptionnellement douloureux, et le malade se plaint à la fois de douleurs locales thyroïdiennes et de douleurs irradiées sur le trajet des filets du plexus cervical : à la nuque, à l'oreille, à la mastoïde, à la mâchoire inférieure, à l'épaule.

Les autres signes fonctionnels ne s'observent qu'exceptionnellement à ce moment. C'est ainsi que la dyspnée, la dysphagie, la dysphonie, sont très rares au début de l'affection.

Existe-t-il des troubles endocriniens à la période primaire d'évolution du goitre cancérisé ?

Carrel-Billard avait, dans sa thèse, attiré l'attention sur leur existence. Bouveret, rapporté par Carrel, avait signalé que des signes de basedowisme pouvaient s'installer plusieurs années avant l'apparition du cancer ; ce fait est confirmé par Bérard et Dunet.

Les modifications endocriniennes ont été soulignées encore par Rivière, qui, chez une vieille crétine, a vu rétrocéder le myxœdème au moment de l'apparition du cancer. Speese et Brown, enfin, ont récemment insisté sur ce fait qu'au début du cancer thyroïdien on observe :

1° de l'hypérémie (39°) véritable *fièvre thyroïdienne* de Poncet et Bérard ;

2° de l'asthénie ;

3° de la tachycardie, parfois du tremblement, exceptionnellement de l'exophtalmie.

Les recherches actuelles sur le métabolisme basal ont permis de constater une certaine augmentation de l'activité des échanges gazeux ; mais il faut reconnaître que ces recherches garderont pendant longtemps un intérêt purement spéculatif.

Au total, les signes de début du cancer thyroïdien, s'ils sont nombreux, sont variables et souvent inconstants. Toutefois, il en est trois qui revêtent une importance capitale par la précocité de leur apparition, leur fréquence, et leur évidence ; ce sont : l'augmentation de volume du goître, la dureté ligneuse d'un de ses lobes et l'adhérence précoce à la trachée.

C'est sur ce *trépied fondamental* que devra être basé le diagnostic de la cancérisation d'un goître.

*

* *

Avec quoi peut-on confondre le cancer thyroïdien ?

Il faut tout d'abord éliminer les *kystes thyro-thyroïdiens*, ou *pré-laryngés*, qui sont exactement médians, fluctuants, pédiculés, encastrés entre l'os thyroïde et le cartilage thyroïde ; les *kystes dermoïdes*, à contenu mollasse, pâteux, apanage des sujets jeunes ; les *kystes sébacés* enflammés ; les *lipomes sous-cutanés*, très mous, pseudo-fluctuants ; enfin les *ganglions pré-laryngés* tuberculeux ou inflammatoires, qui font, en général, partie d'une pléiade ganglionnaire carotidienne ou sous-maxillaire.

En fait, il est toujours aisé de reconnaître une *tumeur thyroïdienne* grâce à sa situation sous-hyoïdienne, à ses connexions avec le cricoïde et à la dépendance de ses mouvements avec ceux du larynx au cours de la déglutition.

La tumeur thyroïdienne reconnue est-elle cancéreuse ?

Le *goitre banal*, non compliqué, est facilement diagnostiqué, quelle que soit sa variété (parenchymateux, kystique ou nodulaire) grâce à sa forme, à son volume, à l'absence de modifications, à son indolence, enfin à sa longue tolérance.

Le problème devient délicat quand on se trouve en présence d'un *goitre compliqué*.

Les modifications des symptômes fonctionnels tels que l'apparition ou l'augmentation de la dyspnée, la dysphonie, la dysphagie sont souvent dues au développement d'un *goitre annulaire* ou d'un *goitre endothoracique*. La laryncoscopie permettront, dans l'un et l'autre cas, d'affirmer le diagnostic.

Plus trompeuses encore sont les modifications des symptômes physiques, et en particulier celles qui sont sous la dépendance d'une complication brusque, telle que l'*hématocèle thyroïdienne* ou la *strumite*.

Dans la forme aiguë d'*hématocèle* les symptômes apparaissent avec une rapidité foudroyante. En quelques heures, le goitre devient très gros, très dur, et s'accompagne de phénomènes mécaniques très marqués, allant depuis la dyspnée continue avec tirage et cornage, jusqu'à l'asphyxie aiguë. Le caractère dominant de cette forme réside donc dans la brusquerie et l'intensité des symptômes.

Dans les formes chroniques d'hématocèle, le tableau est moins dramatique, et les symptômes mettent quelques jours, sinon quelques semaines, à s'installer. On retrouve ici les mêmes modifications de volume et de consistance du goitre, les mêmes troubles de compression qu'au cours de la thyrocarcinose ; mais à l'examen soigneux du malade, on remarque une certaine infiltration, un certain œdème des téguments, parfois même une véritable ecchymose diffuse, dans la région sus-sternale. De plus, il n'y a pas d'adénopathie avoisinante, et enfin il existe un signe d'une importance capitale ; c'est *la persistance de la mobilité* de l'hématocèle thyroïdienne sur la trachée en dehors des mouvements de déglutition.

Dans certains cas, cependant, le diagnostic est impossible ; l'hématocèle, en effet, n'est souvent que le premier symptôme de la cancérisation d'un goitre. C'est alors qu'il faut rechercher avec soin l'immobilisation sur le corps thyroïde, la présence des ganglions satellites, l'exitence de douleurs irradiées persistantes. Il faut se rappeler que *toute hématocèle spontanée chez un goitreux âgé est suspecte* et qu'elle mérite la sanction chirurgicale.

Les complications infectieuses des goitres peuvent également prêter à confusion.

La strumite subaiguë s'accompagne, comme le cancer, d'augmentation du volume du goitre, d'induration de la tumeur, de douleurs névralgiques irradiées, de poussées thermiques irrégulières, d'adénopathie cervicale.

Mais assez rapidement, la phase de suppuration s'établit, avec rougeur des téguments, fluctuation de la masse et issue, au moment de la ponction ou de l'incision, de pus épais, bien lié, parfois brunâtre, témoignant ainsi l'existence d'une hématocèle suppurée.

Tels sont les éléments essentiels de diagnostic du cancer thyroïdien débutant, ainsi qu'on l'observe dans sa forme normale, chez un sujet porteur d'un goitre.

*
* *

Mais il n'en est pas toujours ainsi et dans 10 p. 100 des cas, environ, le cancer se greffe *sur un corps thyroïde sain* en apparence. Dans ces cas, le mode de début est un peu différent, et le diagnostic peut être particulièrement délicat.

La plupart de ces thyro-carcinoses, que nous pourrions appeler primitives, débutent avec brusquerie et évoluent avec une rapidité foudroyante. Il s'agit là de véritables *cancers aigus* qui s'accompagnent de phénomènes pseudo-inflammatoires et simulent à s'y méprendre la *thyroïdite aiguë*. Le diagnostic en est toujours difficile, et bien que la thyroïdite aboutisse assez rapidement à la suppuration, il n'est pas mauvais, en pareil cas, de pratiquer une incision exploratrice avant d'attendre que la fluctuation caractéristique soit apparue et que le pus ait provoqué une collection importante.

A l'opposé de ces formes aiguës, particulièrement redoutables pour le malade, car les limites opératoires sont vite dépassées, il existe des *formes chroniques*, des cancers ligneux, à évolution lente, qui peuvent être confondus avec toutes les *thyroïdites chroniques.*

Les unes succèdent à une maladie infectieuse générale, scarlatine, fièvre typhoïde, et ne se révèlent que par un minimum de signes : souvent une simple induration de un ou des deux lobes.

Les autres relèvent d'infections spécifiques qui nous arrêteront plus longtemps. *La thyroïdite ligneuse tuberculeuse* simule à s'y méprendre le cancer ligneux et ne s'en distingue par aucun symptôme ; l'erreur de diagnostic est la règle, et la nature exacte de l'affection ne peut être affirmée qu'au moyen de la biopsie et des examens de laboratoire.

Par contre, *la thyroïdite ligneuse syphilitique* est plus facilement reconnaissable par suite de la présence d'autres lésions spécifiques, et de signes de myxœdème (Kütner). La recherche de la réaction de Wassermann et surtout le *traitement d'épreuve*, permettent de rejeter le diagnostic de cancer.

Signalons enfin pour terminer, l'*actinomycose thyroïdienne*, extrêmement rare, que l'examen du pus dans les zones ramollies fait reconnaître, et la *thyroïdite chronique cancériforme de Tailhefer ou maladie de Riedel* où le diagnostic, soupçonné par l'absence d'adénopathie et la conservation d'un bon état général (malgré l'existence de lésions assez étendues) ne peut être confirmé que par la biopsie.

Au total, le diagnostic du cancer thyroïdien dans ses formes typiques aussi bien que dans ses formes atypiques, est souvent dficile, et c'est l'analyse minutieuse des symptômes jointes aux notions d'âge, d'antécédents et d'évolution antérieure qui permettent de le poser avec grandes chances de probabilité.

La certitude, dans les cas douteux, ne pourra être donnée que par le bistouri et le microscope.

*
* *

Diagnostic de l'intervention. — Que conseiller en présence d'un cancer thyroïdien ?

Les cancers thyroïdiens au début, encapsulés, avec ou sans retentissement ganglionnaire, relèvent de la chirurgie d'une façon absolue. C'est à la *thyroïdectomie totale,* avec ou sans curage ganglionnaire, que l'on devra s'adresser, et c'est elle seule qui a pu donner de longues survies. Dans les cancers thyroïdiens extra-capsulaires, ayant commencé à envahir sur une courte distance et d'un seul côté les espaces celluleux du cou, l'indication chirurgicale est déjà beaucoup moins nette. Il est logique de suivre en pareil cas la technique de Bérard et d'associer la *radiumthérapie à la thyroïdectomie élargie.* Ultérieurement, la radiothérapie profonde doti être utilisée, le plus tôt possible après l'intervention (Pfahler).

Enfin les cancers thyroïdiens ayant largement diffusé hors de la loge thyroïdienne relèvent du traitement par le radium ou les rayons X. Les résultats publiés par Pfahler à ce sujet sont particulièrement encourageants (6 améliorations durables sur 10 cas).

Quoi qu'il en soit, malgré les projets réalisés par la chirurgie et les agents physiques, le cancer thyroïdien reste une affection particulièrement grave, dont le diagnostic est souvent fort délicat.

Aussi doit-on enlever sans hésitation non seulement les tumeurs thyroïdiennes au début de leur cancérisation, mais encore tous les goitres suspects.

LES LÉSIONS DU CARPE

AU COURS DES TRAUMATISMES DU POIGNET

Archives Médico-Chirurgicales de Province (*août* 1924)

Il semble qu'il n'y ait guère de question plus complexe que celle du mécanisme, de la symptomatologie et du traitement des lésions carpiennes au cours des traumatismes du poignet.

La radiographie nous a permis d'en connaître la diversité d'aspect, et de nombreux auteurs se sont attachés, depuis une quinzaine d'années, à nous décrire minutieusement toutes ces lésions, en y ajoutant les résultats de leur expérimentation et de leurs observations cliniques.

Nous ne ferons que citer la thèse de Tavernier (1906), l'étude de Ségard (1906), les communications de Delbet à la Société de chirurgie (1908, le rapport de Jeanne et Mouchet au Congrès de Chirurgie (1919), enfin et surtout les remarquables travaux de Destot, qui, depuis 1905 (*le Poignet et les accidents du Travail*) jusqu'à nos jours (*Traumatismes du poignet et Rayons X,* 1923) ont éclairé singulièrement la question.

Laissant délibérément de côté les fractures de l'extrémité inférieure du radius et leurs nombreuses variétés, nous n'aurons ici en vue que les traumatismes du carpe, qu'il s'agisse de cas purs, sans lésion concomitante du squelette antibrachial, ou de cas mixtes, associés à une fracture du système radio-cubital.

Il est en effet difficile de séparer en deux catégories distinctes les lésions carpiennes avec complications radiales, d'une part, et les lésions radiales avec complications carpiennes, d'autre part.

Malgré la complexité apparente des faits, il est possible d'individualiser quelques cadres cliniques qui permettent d'établir une classification basée, non pas sur la pathogénie, ni même sur l'anatomie pathologique, mais sur la physiologie même du poignet.

Il convient en effet de se rappeler que le système carpien est constitué par une série d'éléments osseux groupés, comme des satellites, autour du *grand os*, véritable centre des mouvements du poignet.

C'est là, au niveau de la tête du grand os, que passent les deux axes, antéro-postérieur et transversal, autour desquels se meuvent les os du carpe.

Le poignet forme donc une sorte de *joint universel*, agissant dans deux plans perpendiculaires l'un à l'autre et permettant de passer sans effort d'une position dans l'autre.

La première rangée des os du carpe constitue une série de *billes* interposées entre les leviers de l'avant-bras et le bloc carpo-métacarpien. Leur ensemble forme un *ménisque osseux* convexe en haut, concave en bas, excavé en avant, qui roule dans la radio-carpienne, et glisse sur la médio-carpienne.

Parmi les os de la première rangée du carpe, il en est deux qui sont particulièrement intéressés dans les traumatismes : ce sont le *scaphoïde* et le *semi-lunaire*.

Le système scapho-lunaire apparaît, en effet, comme jouant un rôle capital au point de vue de la physiologie pathologique du poignet, et ceci à cause du contact avec le radius. C'est cette portion externe du condyle carpien qui reçoit directement les pressions provenant de l'avant-bras, alors que le pyramidal et le pisiforme, toujours éloignés du cubitus, et séparés de lui par le coussinet formé par le ligament triangulaire, ne sont atteints que dans des cas exceptionnels.

Or, dans les conditions habituelles de chute sur le poignet, c'est-à-dire dans l'*hyperextension appuyée*, le lunaire pincé en arrière entre le radius et le grand os, cherche à fuir *en avant*, à s'énucléer à travers le ligament antérieur, plus ou moins déchiré.

Par contre, le scaphoïde dont l'apophyse palmaire appuie sur le sol, tend à basculer en arrière.

Il y a donc là l'amorce du *diastasis scapho-lunaire*, premier degré de la dislocation carpienne, et qui relève des réactions divergentes des deux os du carpe en contact direct avec le squelette antibrachial.

Entre les cas où la dissociation scapho-lunaire commence à se constituer, comme dans l'entorse, et ceux où elle est complète et totale, comme dans les cas étiquetés : dislocation du carpe, il existe toute une série de cas intermédiaires, les plus fréquents d'ailleurs, qui correspondent aux subluxations et aux fractures du système scapho-lunaire, isolées ou associées à d'autres lésions carpiennes ou radiales.

1° L'*entorse* n'est, en effet, que le premier degré de la dislocation du carpe, et l'on peut lui reconnaître toute une série de variétés.

Dans la plus commune, la plus bénigne de toutes, les lésions consistent en un simple *arrachement ligamenteux*.

La clinique révèle l'existence de points douloureux au niveau des insertions ligamenteuses, et la radiographie ne révèle rien de spécial.

Un degré de plus et l'on se trouve en présence d'un *diastasis scapholunaire*, le lunaire glissant en avant, sous le rebord antérieur de la glène radiale, le scaphoïde basculant en arrière vers le rebord postérieur du radius.

L'entorse grave correspond à une véritable *subluxation scapho-lunaire*, avec désinsertions ligamenteuses importantes, fractures parcellaires, origine d'ostéophytes secondaires.

Tous ces cas se caractérisent cliniquement par un syndrome commun : impotence fonctionnelle, douleurs vives, gonflement dur au niveau de la tabatière anatomique, œdème à la partie externe du poignet.

En réalité, le diagnostic est affirmé par la radiographie. On doit faire prendre deux épreuves, face et profil, des deux poignets, de façon à posséder un terme de comparaison.

Vus de face, le scaphoïde et le lunaire empiètent sur la tête du grand os, qui prend ainsi un aspect *en damier*. L'interligne scapho-lunaire est anormal, tantôt augmenté, tantôt diminué.

Vue de profil, l'extrémité supérieure du scaphoïde est ordinairement basculée en arrière, tandis que le lunaire a coulé en avant, sur la tête du grand os.

Dans les cas anciens, le lunaire prend un *aspect pommelé*, dû à des troubles trophiques, à un défaut de nutrition de l'os, par suite de l'arrachement des vaisseaux ligamenteux.

Le traitement de l'entorse est simple. Il consiste à tirer sur la main, dans l'axe de l'avant-bras, et à appuyer avec le pouce sur la tabatière anatomique d'abord, puis sur la face antérieure du poignet, au niveau du lunaire. On immobilisera pendant six jours grâce à un appareil ouaté et une palette en carton ; la main doit être placé en inclinaison cubitale et en légère flexion.

Une forme spéciale à signaler, c'est le *poignet à ressort,* qui correspond à la *subluxation scapho-lunaire récidivante,* favorisée par une laxité articulaire particulière. A la suite d'un faux mouvement, le blessé perçoit un craquement, et la main reste enclouée, figée. Une traction sur la main, une pression dans la tabatière anatomique, et le poignet reprend ses fonctions.

Pour éviter le retour de pareils accidents, il est bon de faire porter un bracelet de cuir souple lacé autour du poignet.

2° Les *fractures du semi-lunaire* trouvent leur place à côté du diastasis et de la subluxation scapho-lunaire. Ici, en effet, le lunaire, arrêté dans son déplacement par ses attaches ligamenteuses est écrasé par le radius sur la tête du grand os.

Cette fracture se traduit cliniquement par un syndrome absolument comparable à celui de l'entorse. L'accident a été bénin, et le blessé reprend ses occupations au bout de quelques jours.

Mais il revient six semaines, trois mois après l'accident parce qu'il *continue à souffrir,* et parce qu'il est gêné dans son travail.

On constate, en effet, un peu d'épaississement antéro-postérieur, une douleur localisée à la pression du semi-lunaire, une limitation assez marquée des mouvements, une ecchymose à la face antérieure du poignet.

Là encore, la radiographie vient donner la clé du problème en montrant la nature véritable de cette « arthrite traumatique ». Elle montre le trait de fracture du lunaire, ordinairement horizontal, avec déplacement du fragment inférieur en arrière de la tête du grand os.

Cette fracture est presque toujours associée soit à une subluxation scapho-lunaire (avec aspect en damier du grand os), soit à une fracture marginale antérieure du radius.

Le traitement consiste à pratiquer de suite la mobilisation passive et active, les douches d'air chaud, les massages prudents. Si les douleurs persistent, il faut extirper le lunaire.

3° Les *fractures du scaphoïde,* contrairement aux fractures du semi-lunaire, sont rarement isolées.

Elles sont le plus souvent associées soit à une lésion du lunaire, fracture ou luxation, soit à une lésion du radius : fracture sus-articulaire ou intra-articulaire ; dans le premier cas, la fracture du scaphoïde est accessoire, dans le deuxième cas, elle joue un rôle prédominant, au point de vue pathogénique aussi bien qu'au point de vue clinique.

Les symptômes n'ont rien de caractéristique. La douleur, le gonflement, l'ecchymose au niveau de la tabatière anatomique, sont des signes communs, que l'on retrouve dans la subluxation scapho-lunaire. Les troubles de compression nerveuse du médian sont très rares, et la crépitation, tout à fait exceptionnelle.

C'est encore à la radio qu'il faut demander un diagnostic précis. La fracture est visible surtout sur le cliché de profil, et siège le plus souvent à la partie moyenne de l'os ; le fragment inférieur est déplacé en arrière et fait saillie dans la tabatière anatomique.

Plus rarement la fracture siège à l'extrémité supérieure, et le fragment séparé fait saillie dans l'interligne radio-carpien.

Quand elle siège à la base de l'os, l'interligne trapezo-scaphoïdien est déformé, et même effacé.

Il est toujours difficile de formuler un pronostic précis, en pareil cas.

La consolidation par formation d'un cal fibreux est possible, permettant la reprise de la presque totalité des mouvements.

Dans la règle, il se produit une *pseudarthrose*. L'extrémité supérieure détachée forme corps étranger intra-articulaire, et entraîne secondairement une arthrite. Certaines fractures aboutissent à l'*ankylose* du poignet.

Il faut donc faire toutes les réserves possibles au sujet de l'évolution d'une telle fracture.

Le traitement consiste à essayer de réduire la fracture en mettant la main en flexion et en inclinaison cubitale forcée, après avoir refoulé la saillie de la tabatière anatomique.

On applique ensuite un appareil plâtré pendant 10 jours.

Si la réduction n'a pas été effectuée, l'*intervention sanglante* est indiquée, suivie de moblisation précoce, active et passive.

On se contente le plus souvent d'extirper le fragment supérieur, après incision pratiquée au niveau de la tabatière anatomique. Il est préférable de pratiquer la reposition avec suture périostique, ainsi que l'a pratiqué Bosquette.

Les *fractures des autres os du carpe* n'existent guère à l'état isolé ; les fractures du trapèze sont associées à celles du scaphoïde ; celles du pyramidal, à celles du lunaire. Celles du grand os s'observent au cours de la dislocation du carpe à laquelle nous arrivons maintenant.

D'ailleurs, le traitement de ces fractures associées se confond avec celui de la lésion principale, et ne mérite pas de faire un chapitre spécial.

3° La *dislocation du carpe* apparaît comme le terme de cette série de lésions carpiennes qui commencent à l'entorse, avec le diatasis scapho-lunaire, passent par la subluxation et la fracture du lunaire, associées le plus souvent à la fracture du scaphoïde, et aboutissent à la luxation totale du lunaire, avec toutes ses conséquences.

Le déplacement en avant du lunaire, son énucléation hors de la première rangée du carpe paraît être en effet le point capital de la dislocation. Le sommet du condyle carpien n'étant plus en place, l'arche osseuse s'effondre ; le scaphoïde cède en premier lieu, en se brisant, et en se déplaçant soit en arrière (fracture marginale postérieure) soit en dehors (fracture de la styloïde radiale), soit en haut (fracture en ergot du radius).

Puis le grand os vient prendre, sous le radius, la place qu'occupait le semi-lunaire, achevant ainsi de détruire l'équilibre du carpe ; il se porte en arrière, et sa tête passe derrière le lunaire luxé.

Accessoirement, on peut observer des fractures des autres os carpiens, du grand os, du pyramidal, du trapèze, et des arrachements ligamenteux importants.

Au point de vue clinique, contrairement à ce qui se passe dans les entorses et les fractures carpiennes isolées, les symptômes observés sont caractéristiques et le diagnotic en général facile.

Le poignet est *très déformé*. Il est globuleux, augmenté dans son diamètre antéro-postérieur, et diminué dans sa hauteur. Il est figé, encloué, l'extension est bloquée, la flexion et la prono-supination très limitées.

Du côté de la main, l'axe n'est pas modifié, les doigts sont à demi fléchis, mais l'impotence fonctionnelle est absolue. Ils sont le siège de fourmillements dus à la compression du médian, plus rarement du cubital.

Au niveau du poignet, quand on le saisit entre le pouce et l'index, on reconnaît un épaississement antéro-postérieur considérable. Pris transversalement, on constate que le « cou du poignet » est raccourci ; normalement la base du premier métacarpien est séparée de la styloïde radiale par l'épaisseur de deux doigts.

Ces deux distances sont diminuées dans la dislocation carpienne ; la tabatière anatomique est comblée, et l'artère radiale est sentie superficiellement.

Du côté de l'avant-bras, on ne constate ni dos de fourchette, ni ascension de la styloïde radiale, ni gonflement marqué.

Le meilleur signe, celui qui entraîne le diagnostic, c'est *la saillie du lunaire dans la gouttière carpienne* ; saillie mobilisable, dans la flexion du poignet.

Toutefois, il faut se méfier des erreurs possibles avec les fractures marginales antérieures (Letenneur).

La radiographie montre avec évidence toutes ces lésions.

Vu de face : ascension du grand os, déplacement du lunaire en haut et en dedans, superposition du lunaire et du pyramidal, augmentation de l'espace scapho-lunaire.

Vu de profil, le lunaire paraît détaché de l'ombre du grand os, et il dirige ses cornes soit en bas, soit en avant.

Le pronostic de la dislocation du carpe est sérieux. On se trouve en présence d'une luxation tout à fait spéciale, à cause des fractures associées et des difficultés de la réduction. Toutefois, réduite à temps, la lésion, comme les autres luxations, peut ne pas entraîner de graves complications.

Il faut donc tenter, au début, *la réduction* au moyen d'une manœuvre spéciale.

Le blessé étant soumis à l'anesthésie générale, on place l'avant-bras solidement maintenu par un aide, sur une table, de sorte que la main pende hors de celle-ci. Le chirurgien se plaçant à l'extrémité du membre tire sur la main en hyperextension forcée, en tordant un peu la main en inclinaison cubitale, de façon à faire bâiller au maximum la loge scapho-lunaire.

Avec les deux pouces réunis sur le talon de la main, on refoule la saillie du lunaire, puis on rabat la main en hyperflexion.

S'il existe une fracture associée du scaphoïde, on refoule l'os, d'un coup de pouce appliqué dans la tabatière anatomique, et on met la main en inclination cubitale.

L'immobilisation dure 8 jours dans un pansement ouaté renforcé d'une attelle souple.

Ce procédé de réduction échoue souvent. On doit alors recourir au *traitement sanglant.*

La reposition sanglante n'offre pas d'avantages sur la *résection du lunaire*, opération de choix, aussi bien dans les cas précoces que dans les cas tardifs.

L'extirpation du lunaire est une intervention simple.

Incision de 7 centimètres le long du bord interne du tendon du grand palmaire jusqu'au niveau du pli palmaire inférieur. On récline en dedans le médian, les fléchisseurs et leur gaine. On incise le bord inférieur du ligament palmaire et on sectionne au ras du semi-lunaire les attaches du ligament radio-Carpien.

On fait ensuite une toilette minutieuse de la loge du lunaire, en enlevant tous les débris osseux les plus minimes ; on complète, le cas échéant, par l'ablation du fragment supérieur du scaphoïde fracturé, et, après hémostase soignée, on suture au catgut fin le ligament carpien.

On mobilise le poignet au 8e jour.

L'intervention donne de bons résultats dans les 4/5e des cas ; encore ne faut-il pas trop se presser pour apprécier le taux de l'incapacité permanente, car une amélioration sensible peut survenir dans les mois qui suivent l'opération.

Dans certains cas, il a fallu attendre plus de six

mois. Les troubles de compression nerveuse sont toujours très longs à disparaître.

Dans les *cas anciens,* avec douleurs, œdème des doigts, troubles vasculaires de la peau, troubles trophiques (hyperhydrose, ongles friables), et quand la radiographie révèle l'existence d'os à aspect pommelé, à contour indécis, il faut pratiquer *la résection du poignet.*

Les symptômes cliniques et le traitement de la luxation *médio-carpienne* se confondent avec ceux de la dislocation carpienne. D'ailleurs cette lésion est rare et le praticien n'aura guère l'occasion de l'observer.

Au total, les lésions du carpe sont relativement fréquentes au cours des traumatismes du poignet ; elles méritent d'être connues à cause des complications sérieuses que leur présence entraîne. Leurs signes sont le plus souvent très imprécis, et seule la radiographie permet d'affirmer une lésion que la clinique n'avait pu que soupçonner.

Le traitement précoce doit consister en la réduction non sanglante de la lésion ; mais dans les cas irréductibles et dans les cas anciens, l'acte chirurgical est formellement indiqué, et permet seul de conserver la fonction du poignet.

LES INDICATIONS OPÉRATOIRES DANS LES FRACTURES DE JAMBE

Archives Médico-Chirurgicales de Province (juin 1924)

Le traitement sanglant des fractures, qui ne s'imposait autrefois que dans des circonstances exceptionnelles, voit actuellement ses indications s'étendre à mesure que la technique et l'instrumentation de la chirurgie osseuse fait elle-même des progrès, à mesure que l'on se rend compte que, grâce à cette méthode, la *restitutio ad integrum* d'un certain nombre de fractures graves, est possible.

Le temps n'est plus des discussions passionnées qui se sont élevées au sujet de la valeur de l'ostéosynthèse, de l'inutilité de la réduction anatomique, des dangers des interventions osseuses, des troubles apportés à la vitalité et à la consolidation osseuse par la prothèse métallique.

Actuellement, la méthode est assez ancienne pour avoir fait ses preuves.

L'asepsie est réalisée facilement dans tout centre chirurgical ; les manœuvres de réduction et de contention sont facilitées par une série d'instruments perfectionnés qui permettent de réduire les déplacements en épargnant le plus possible au tissu osseux tout traumatisme nuisible.

L'os et son périoste sont en effet des tissus essentiellement fragiles, qui doivent être respectés dans leur intégrité ; c'est à ce prix que le chirurgien évitera à coup sûr toutes les possibilités d'infection, d'ostéoporose, de retard à la consolidation, qui doivent être mis beaucoup moins sur le compte de la prothèse métallique elle-même, que sur celui d'un défaut de technique, ou d'un manque de précaution.

Parmi les fractures, celles des deux os de la jambe ont été les premières à bénéficier du traitement chirurgical, et c'est après avoir reconnu les difficultés de réduction et de contention de certaines d'entre elles, que les chirurgiens, après Lambotte, Allis, Tuffier, Lane et Charbonnel, se sont adressés aux méthodes sanglantes.

« On ne saurait nier, dit Lejars, que ces fractures si communes ne comptent parmi celles qui présentent souvent le plus de difficultés à un traitement régulier, et à une guérison morphologique et fonctionnelle complète. Si vous vous contentez d'un à peu près, et si vous enfermez la jambe encore un peu déformée dans un appareil, la réduction apparente ne va pas tarder à se disjoindre, et au bout de 40, 50, 60 jours, vous retirerez de l'appareil un membre encore mobile, coudé, incurvé, dont la consolidation exigera des mois pour se compléter, et laissera une claudication et une impotence définitives. »

L'insuffisance des méthodes anciennes est prouvée par une série d'observations et de statistiques. Dans le travail de Guibal, on trouve des chiffres édifiants démontrant le gros pourcentage d'invalidités pour fractures de jambe, même après des traitements prolongés et très surveillés. De Bovis a confirmé ces chiffres en y ajoutant des statistiques analogues publiées par des médecins d'assurance. Bérard, dans son rapport au Congrès de chirurgie de 1911, rappelait qu'il fallait compter sur une durée moyenne d'incapacité temporaire de 4 à 8 et 10 mois, si l'on voulait attendre la disparition des raideurs articulaires, de l'empâtement des synoviales, de l'atrophie musculaire et de l'œdème.

Il peut donc paraître utile au praticien de se remémorer les indications de l'ostéosynthèse dans les fractures de jambe. Les nombreuses thèses qui ont paru à ce sujet (Charbonnel, Soupault, Huc, Duter), les rapports d'Alglave, de Bérard, de P. Duval, les discussions aux Congrès de chirurgie (1911, 1920), et à la Société de chirurgie, ont permis d'éclairer la question de façon telle que si certains points sont encore en suspens, il est cependant possible de se fixer une ligne de conduite dans la très grande majorité des cas.

Nous passerons successivement en revue les fractures diaphysaires des deux os de la jambe, puis les fractures épiphysaires ; nous tenons tout de suite à faire remarquer la différence de pronostic qui sépare ces deux variétés de fractures.

Alors que dans les fractures de la diaphyse on doit rechercher plus la solidité que la coaptation mathématiquement précise, dans les fractures des épiphyses, au contraire, le bon fonctionnement du membre n'est compatible qu'avec une réduction absolument parfaite des surfaces articulaires.

Parmi les *fractures diaphysaires* relevant de l'intervention sanglante, il faut citer en premier lieu toutes les *fractures ouvertes,* que les téguments aient été lésés par l'agent traumatisant, ou qu'ils aient été embrochés secondairement par les fragments osseux.

Tout le monde est d'accord sur la conduite à tenir en pareil cas : nettoyage de la plaie, épluchage de ses bords, débridement, hémostase, toilette soigneuse du foyer de fracture, enfin ostéosynthèse, à l'aide des lames de Parham, ou des plaques de Shermann.

Certains auteurs (Patel) conseillent même l'ostéosynthèse dans les cas où le foyer de fractures est déjà infecté, où la suppuration est établie depuis quelques jours.

J'ai eu l'occasion de constater l'année dernière, avec mon collègue Mamonteil, les heureux effets de l'ostéosynthèse sur une fracture de jambe largement ouverte et profondément infectée. Le fracas osseux était considérable, puisqu'il s'agissait d'un écraemnet de la jambe par une roue de voiture. Les lésions étaient assez graves puor que l'on ait pu à un certain moment poser la question de l'amputation. On tenta toutefois l'ostéosynthèse qui fut associée à l'irrigation continue au Dakin pratiquée à l'intérieur de la cavité médullaire et autour du foyer de fracture.

Les résultats furent très satisfaisants, et la fracture consolida lentement, mais en bonne position.

L'accord est également complet en ce qui concerne l'intervention chirurgicale dans les fractures accompagnées de *complications vasculo-nerveuses.*

A la jambe, cette complication est rare, contrairement à ce qui se passe à la cuisse, dans les fractures du tiers inférieur du fémur. On l'a toutefois signalé dans certaines fractures spiroïdes du tibia. A grand déplacement. La formation d'un volumineux hématome, la suppression du pouls dans le segment de membre sous-jacent à l'hématone, le refroidissement, le changement de coloration des téguments, constituent autant de symptômes d'alarme qui doivent entraîner la sanction chirurgicale.

Les lésions nerveuses à la jambe joueront assez rarement un rôle dans la détermination du chirurgien ; toutefois une lésion du sciatique poplité externe consécutive à une fracture haute du péroné (fracture de Maisonneuve, par exemple), devra être traitée aussitôt qu'elle aura été reconnue.

Si la question de l'ostéosynthèse ne se posait que dans les seuls cas de *fracture de jambe compliquées* par le fait de lésions cutanées, vasculaires ou nerveuses, elle s'appliquerait, somme toute, à une catégorie de cas très intéressants au point de vue chirurgical, mais cependant peu nombreux.

Or, les progrès de la chirurgie osseuse ont permis de s'adresser aux *fractures graves, irréductibles ou incoercibles,* pour lesquelles les moyens ordinaires de réduction échouent.

Depuis que la radiographie a permis de pratiquer le contrôle des fractures avant et après réduction, on a eu l'explication de la plupart des échecs obtenus avec les méthodes anciennes. C'est ainsi qu'il est rare de pouvoir réduire complètement une fracture à grand déplacement, ou en partie engrénée, même avec le secours de l'anesthésie générale. Il existe des déplacements qui sont impossibles à réduire, souvent à cause des fragments intermédiaires ; ou encore ils sont impossibles à contenir à cause de la disposition des surfaces fracturées. Destot enfin a montré que, même après réduction, on peut assister à un lent, mais important déplacement secondaire qui vient compromettre le résultat définitif.

Tous ces déplacements osseux, ces chevauchements, ces rotations sur l'axe vont entraîner l'apparition d'un *cal vicieux*, ou d'une *pseudarthrose,* qui entraînent une impotence fonctionnelle, variable suivant le type envisagé.

Avec Loison, on peut distinguer :

Des cals en baïonnette, où il y a déviation latérale du tibia, associée, dans la moitié des cas, à un chevauchement ;

Des cals avec chevauchement et rotation persistante des fragments. Le pied est alors dévié en valgus ou en varus, le raccourcissement est constant, la marche difficile ;

Enfin *des cals avec déviation angulaire* à sinus ouvert dans le plan sagittal ou dans le plan frontal. Ce sont de beaucoup les plus défectueux, car ils provoquent non seulement des lésions locales de rétraction et d'atrophie musculaire, des lésions cutanées souvent graves, mais aussi des lésions à distance : dislocation des articulations, tiraillement des ligaments par suite du changement des points d'appui.

Or, ces cals vicieux, incompatibles avec un bon fonctionnement du membre sont l'apanage *des fractures spiroïdes du tibia*. Si l'on met à part *certaines fractures transversales* de la diaphyse tibiale, avec gros déplacement latéral et raccourcissement important de plusieurs centimètres, la très grande majorité des cas où l'on sera amené à intervenir sera constitué par les *fractures hélicoïdales* du tibia. Dans de telles fractures, le déplacement des fragments est la règle, l'engrènement, l'exception. Il est dû à l'obliquité du trait de fracture, et maintenu par la tonicité des muscles de la jambe, que des tractions énergiques n'arrivent souvent pas à vaincre.

Même en ayant recours à l'anesthésie générale, les résultats obtenus sont médiocres : les fragments osseux obéissent mal aux tractions exercées sur le pied, et la disposition hélicoïdale du trait de fracture ne permet pas d'obtenir un bon contact entre les surfaces fracturées.

D'autre part, l'extrémité taillée en bec de flûte, des fragments tibiaux peut être elle-même fracturée.

La présence d'un 3e *fragment tibial* joue un rôle prépondérant dans les difficultés de la réduction, et plus tard, dans la formation d'un cal vicieux.

Enfin, il n'est pas rare d'observer des *pseudarthroses* dans de pareilles fractures. Les parties molles sont embrochées par les fragments osseux acérés, et l'interposition fibreuse vient aggraver encore le pronostic.

Au total, dans les fractures fermées de la diaphyse tibiale, l'ostéosynthèse est indiquée :

Dans les fractures *irréductibles* ;

Dans les fractures *incoercibles* ;

Dans les fractures avec présence d'un *troisième fragment* ou de *fragments multiples* ;

Dans les fractures où les fragments menacent de *perforer la peau.*

Enfin, dans les *fractures spiroïdes.*

L'existence d'un *chevauchement* tel qu'il y a moins de la moitié des surfaces fracturées en contact (Murray) ;

La persistance d'un *raccourcissement* de 2 centimètres au moins ;

La *déviation angulaire* du membre inférieur, surtout ;

Enfin la constatation d'une *pseudarthrose,* ou d'un *retard à la consolidation,* 4 mois après la fracture, constituent autant d'indications au traitement chirurgical.

A ces éléments, il faut encore ajouter ceux tirés de *l'état social,* de la profession du sujet, de l'utilité, pour lui, d'une réduction parfaite, sans cal douloureux.

Les contre-indications sont peu nombreuses. Si le jeune âge est, en général, exempt de toute ostéosynthèse c'est que, le plus souvent, il s'agit de fractures sous-périostées, à petit déplacement et facilement réductibles.

Les personnes âgées se prêtent plus facilement que les adultes à une ostéosynthèse ; rien ne contre-indique chez elles l'intervntion, sauf les affections pulmonaires, cardio-rénales ou autres, rendant l'état général précaire.

La question du tabes a été discutée longtemps ; il est important de savoir que l'on peut espérer un bon résultat, à condition de pratiquer en même temps des greffes ostéo-périostées et une ostéosynthèse.

J'ai eu à soigner en mai 1922, une femme de 45 ans, tabétique, qui, en faisant un faux-pas, avait eu une fracture compliquée de jambe, avec issue du fragment supérieur hors de la plaie.

Je lui fis une ostéosynthèse après nettoyage et désinfection de la plaie. Quatre mois après, la consolidation n'était pas obtenue. Une seconde intervention pratiquée peu après, me démontra que les fragments osseux étaient bien en place, mais qu'il y avait absence totale de régénération osseuse. Je pratiquai un avivement des fragments osseux, puis je pratiquai des greffes ostéo-périostiques à la Delagenière. La consolidation se fit rapidement.

Dans un 2e cas, j'employai d'emblée des greffes ostéo-périostiques, en même temps que je pratiquai une ostéosynthèse. Le résultat obtenu fut satisfaisant. Guérison en deux mois.

*
* *

Les indications du traitement chirurgical concernant les fractures diaphysaires de jambe, peuvent-elles être étendues aux *fractures épiphysaires,* aux fractures juxta-articulaires, où il est important d'obtenir un bon résultat fonctionnel ?

Il est hors de doute qu'ici les manœuvres de réduction sont rendues singulièrement plus difficiles.

Les tentatives de réduction se pratiquent sur des fragments osseux de longueur et d'importance très inégale.

On manque, en général, « de prise » pour assurer une bonne réduction et, plus encore peut-être, une contention satisfaisante.

D'autre part, il s'agit, en général, de fractures à plusieurs fragments, à esquilles, qui n'ont que trop tendance à s'écarter, à cause des tractions exercées par les ligaments, les tendons et les muscles qui s'y insèrent.

Enfin pour que tout désordre articulaire soit écarté, pour que la fonction soit conservée, il est de toute nécessité que les surfaces articulaires soient rétablies dans leur contiguïté et dans leur continuité.

C'est à ce prix que l'on évitera les disgracieuses et douloureuses déformations *en varus* ou *en valgus* qui sont la conséquence presque fatale des fractures épiphysaires dont la réduction aura été incomplète.

Voyons tout d'abord ce qui se passe pour les *fractures de l'extrémité supérieure du tibia.*

1° Pour les *fractures condyliennes* du tibia, ce qui domine c'est la dislocation articulaire.

Le déplacement d'un des plateaux tibiaux détruit la régularité de la surface articulaire qui s'affaisse ou s'exhausse en un point. La statique du genou est compromise par suite de cette dénivellation ; il en résulte un *genu varum* ou *valgum* sur les graves inconvénients desquels nous n'insistons pas (douleurs, difficultés de la marche, entorses récidivantes, tendance permanente à l'accentuation de la déformation). Les *mouvements de latéralité,* quand ils dépassent une certaine étendue, entraînent une incapacité fonctionnelle très marquée, sinon absolue. On peut même arriver à observer des articulations ballantes. Dans d'autres cas l'arthrite s'installe avec ses douleurs tenaces, ses raideurs, ses amyotrophies, rendant la marche très difficile.

Enfin, la consolidation se fait mal ; très lentement, et d'une façon vicieuse. Les *cals exubérants* ou difformes entraînent des complications vasculo-nerveuses ou provoquent une limitation marquée des mouvements articulaires.

Dans certains cas, il y a non pas seulement retard, mais absence de consolidation : la pseudarthrose ne serait pas exceptionnelle.

2° Dans les *fractures bicondyliennes,* tous ces troubles sont exagérés, et on peut dire qu'en général, les résultats sont franchement mauvais.

3° Pour les *fractures sous-condyliennes* du tibia, ce qui domine c'est la lenteur de la consolidation, c'est la pseudarthrose si fréquemment observée (2 fois sur Heydenreich).

Accessoirement c'est l'ankylose du genou, longtemps immobilisé, l'atrophie quadricipitale, les déviations et le raccourcissement notable, enfin les lésions du paquet vasculo- nerveux directement par les fragments osseux (Vauzelle), ou indirectement par un volumineux hématome (Delbet).

4° *Les fractures de la tubérosité antérieure du tibia* évoluent comme celles de la rotule, c'est-à-dire vers le cal fibreux.

5° Quant aux *fractures de l'extrémité supérieure du péroné* elles se caractérisent essentiellement par l'apparition de troubles nerveux dans la sphère du sciatique poplité externe.

Toutes ces fractures de l'extrémité supérieure des os de la jambe sont donc graves, et le seul traitement rationnel à leur opposer, c'est le traitement chirurgical. Ce n'est que par une réduction d'une précision mathématique que l'on peut arriver à fixer en bonne position les fragments osseux articulaires et juxta-articulaires.

« Ici l'opération n'est pas la méthode que l'on choisit librement : c'est souvent le seul moyen qu'ait le chirurgien de prévenir une infirmité extrêmement grave. » (Bérard.)

Les indications du traitement chirurgical doivent encore être étendues : aux *fractures comminutives* de l'extrémité supérieure du tibia, et aux *fractures associées* du genou.

Toutefois, dans ces derniers cas, la technique chirurgicale est pleine de difficultés, et la reposition des fragments est une tâche longue et ingrate. C'est au chirurgien de décider à quels fragments s'adressera l'ostéosynthèse, et de quelle façon il la pratiquera.

Le traitement chirurgical dont les indications sont si nombreuses pour les fractures de la partie supérieure des os de la jambe, doit-il être étendu aux *fractures de l'extrémité inférieure, aux fractures du cou-de-pied* ?

1° Il faut tout d'abord mettre à part, avec Vallas et Destot, les *fractures sus-malléolaires*, et les considérer comme étant les fractures les plus difficiles à réduire et à maintenir.

Le fragment inférieur est trop petit ou trop déplacé pour que les tractions ordinaires agissent sur lui.

Codivilla préconise, en pareil cas, la traction sur clou. Il est plus simple et plus sûr de pratiquer une ostéosynthèse.

2° Au sujet des *fractures malléollaires*, la question est encore en suspens. Certes, il ne saurait être question de traiter chirurgicalement toutes les fractures du cou-de-pied.

La grande majorité, d'entre elles, en effet, se réduit par les moyens ordinaires, et aboutit à un cal souvent disgracieux, mais fonctionnellement bon.

Toutefois il existe toute une série de fractures du cou-de-pied, *irréductibles* ou *incoercibles*, et qui relèvent du traitement chirurgical.

Les causes de l'absence ou de l'insuffisance de réduction variables suivant la variété de freature.

Dans les *fractures à déplacement latéral externe prédominant*, fractures à *type péronier*, disent certains, le fragment inférieur péronier dont le trait de fracture siège sur la diaphyse ou au niveau de l'interligne tibio-péronier, vient buter sur le fragment supérieur. « On voit sous l'écran, dit Pierre Duval, que dans le refoulement du pied en dedans, la malléole péronière, accrochée en haut, constitue un véritable ressort qui reluxe la malléole et le pied en dehors, aussitôt que la pression cesse. »

Ici donc la remise et le maintien en bonne place de la malléole péronière, « l'os le plus important du pied », disait Championnière, constituent le point capital de la réduction opératoire. Le vissage de cette cale péronière permettra non seulement de s'opposer à tout déplacement immédiat précoce ou tardif de l'astragale, mais encore il pourra corriger le diastasis tibio-péronier.

Le *diastasis tibio-péronier*, est en effet d'une réduction difficile s'il existe un fragment intermédiaire péronier, au niveau de l'interligne tibio-péronier, ou s'il s'agit d'une fracture basse, fortement oblique de la malléole peronière. Si un tel diastasis est accompagné d'un gros déplacement, l'indication opératoire est formelle ; car même après essai de réduction et de contention dans un appareil plâtré, la déformation se reproduira secondairement, quand le plâtre deviendra trop large, ou bien quand le blessé commencera à marcher.

Dans ces cas, c'est encore le vissage de la malléole peronière au tibia auquel on doit recourir, de façon a constituer un *tibia bimalléolaire*, s'opposant à toute translation possible, précoce ou tardive, du pied en dehors.

Si l'intervention est indiquée dans certaines fractures graves du cou-de-pied à déplacement latéral elle l'est certes plus souvent dans les fractures à *déplacement antéro-postérieur* prédominant (fractures à *type tibial*).

La présence d'un *fragment marginal postérieur* du pilon tibial, en effet, rend rarement la fracture irréductible, mais elle la rend incoercible. Les échecs de réduction proviennent de ce fait que, pour bien contenir de pareilles fractures, il faudrait théoriquement, exagérer la flexion du pied et le porter en varus. Or quand le pied est hyperfléchi, on ne peut le mettre en hyperadduction et inversement.

Il convient de faire remarquer que ce fragment marginal postérieur fait souvent corps avec la malléole interne, ainsi que l'a signalé Picot. La réduction de ce fragment cunéen interne sera assurée par le vissage de la malléole interne au tibia.

Dans d'autres cas le fragment marginal est détaché du pilon tibial ; mais il est maintenu par le ligament péronéo-tibial postérieur, et dans ce cas c'est le vissage de la malléole externe qui permettra la réduction du fragment postérieur.

Dans une troisième catégorie de faits, le fragment marginal est absolument libre, et ne peut être maintenu que par une vis directement appliquée sur lui.

C'est au chirurgien qu'il appartiendra de reconnaître quelle est la technique la meilleure à suivre pour réduire ces fractures marginales postérieures qui relèvent presque toutes du traitement chirurgical.

Nous ne faisons que signaler la nécessité d'intervenir dans les *fractures avec fragment marginal antérieur*, les *fractures multiples* du pilon tibial, enfin les *fractures associées* de la mortaise tibio-péronière et du tenon astragalien. De telles interventions sont délicates, elles doivent se limiter au vissage des plus gros fragments et à l'ablation de ceux qui gênent la réduction anatomique précise.

Nous n'avons eu jusqu'ici en vue que les fractures *récentes* du cou-de-pied. La question du traitement des fractures *anciennes vicieusement consolidées* est complexe, et sort du cadre de cet article ; qu'il nous suffise de rappeler, avec Dujarier, que l'on peut distinguer :

Les cas de valgus simple, où la *double ostéotomie sus-malléolaire,* avec fixation en hypercorrection est indiquée ; et les cas de luxation postérieure du pied, où l'*astragalectomie* est le procédé de choix.

En réalité, le meilleur traitement de ces cals vicieux, c'est le *traitement prophylactique.* Il faut assurer à toute fracture récente une réduction et une contention parfaite. Si l'on a affaire à l'une des variétés de fractures énoncées plus haut, et si, après avoir mis en œuvre les moyens habituels, on n'obtient pas un résultat satisfaisant, après contrôle radiographique, le traitement chirurgical s'impose, d'une façon précoce. Inutile d'attendre 8 ou 10 jours comme on l'enseignait autrefois ; on ne gagne rien à temporiser ; les manœuvres opératoires n'en seront que plus facilitées, et la réduction n'en sera que plus précise et plus rapide.

Bibliographie

ALGLAVE, Traitement sanglant des fractures, *Rapport et discussion au XXIVe Congrès de l'Ass. franç. de chir.*, 1911 ; Ostéosynthèse dans les fractures diacondyliennes, *Presse médicale,* nov. 1922.

BÉRARD, Indications et résultats du traitement sanglant dans les fractures fermées, récentes des membres, *XXIVe Congrès de l'Ass. fr. Chir.*, 1911.

BAPST BLAKE, Diagnostic et traitement dans les fractures du genou, *Annals of Surgery,* 1913.

CHARBONNEL, Ostéosynthèse dans les fractures diaphysaires fermées, *Thèse Bordeaux,* 1909.

CHEVASSU, Fracture de tubérosité externe du tibia, *Soc. Chir. Paris,* 1906.

CORVISY, Fractures de l'extrémité supérieure du tibia, *Thèse Bordeaux,* 1912.

DEWAILLY, Traitement sanglant des fractures fermées, *Thèse Paris,* 1911.

DIGEON, *Traitement des fractures des os longs par la méthode de Parham.*

DE FOURMESTRAUX, Fractures de l'extrémité supérieure du tibia, *Archives de Prov.*, 1910.

FREDET, Traitement des fractures graves suivant la technique de Lambotte, *Journal Chirurgie,* 1913.

JUVARA, Traitement ostéosynthétique des fractures malléolaires, *Presse médic.*, 1919.

HUC, Traitement des fractures bimalléolaires, *Thèse Paris*, 1920.
LAMBOTTE, Chirurgie opératoire des fractures, Paris, 1913.
LEJARS, *Semaine médicale*, février 1913.
MASMONTEIL, Ostéosynthèse des fractures de jambe, *Journal Chirurgie*, nov. 1923 ; Indications dans les fractures de jambe, *Journ. méd. et Chir. prat.*, 1924.
PICOT, Traitement sanglant des fractures bimalléolaires, *Journal Chirurgie*, 1922.
POTHERAT, Fracture oblique du tibia par torsion, *Soc. Chir. Paris*, 1909.
WIART, Fractures du cou-de-pied vicieusement consolidées *XXIXe Congrès de Chirurgie Paris*, oct. 1920.

COMMUNICATIONS

GASTRO-PYLORECTOMIE POUR NEOPLASME JUXTA-PYLORIQUE

RÉSULTAT ÉLOIGNÉ

Présentation de malade à la Société de Médecine de la Vienne (*Mars* 1924).

D... Ch., 63 ans, cultivateur, est entré à l'Hôpital de la Pitié le 6 mars 1921 pour une sténose pylorique dont le début clinique remontait à trois mois. Les vomissements noirâtres, le méloena continu, l'image lacunaire à la radioscopie, permettaient de prévoir la nature cancéreuse de cette sténose.

L'intervention est pratiquée le 10 mars 1921. Anesthésie générale à l'éther. Laparotomie sus-ombilicale.

On trouve une tumeur dure, occupant toute la circonférence du canal pylorique. Bien limitée du côté du duodénum, la tumeur est mal limitée du côté du vestibule pylorique. Adénopathie caractéristique le long de la petite courbure.

La tumeur étant mobilisable et n'ayant pas contracté d'adhérences avec les organes voisins, on pratique une gastro-pylorectomie par le deuxième procédé de Billroth, après avoir fait une large exérèse ganglionnaire le long de la petite courbure.

Gastro-entérostomie postérieure trans-mesocolique sur le moignon gastrique.

Suites opératoires simples. Le malade quitte l'hôpital 4 semaines après l'intervention, ayant repris son alimentation normale.

En mai 1923, le malade revient à l'Hôpital Saint-Antoine pour une rétention aiguë d'urine due à une hypertrophie de la prostate.

Prostatectomie par voie transvésicale après rachianesthésie.

Suites opératoires simples. Le malade sort guéri trois semaines après son intervention.

Revu en 1924 et en 1925 ; état général très satisfaisant ; le malade a repris 15 kilogs. L'alimentation est normale ; à la radioscopie, le moignon gastrique est souple, se vide rapidement, et l'anastomose fonctionne bien.

Examen de la pièce : Epithélioma colloïde typique avec présence de nombreux boyaux épithéliaux s'infiltrant au large de la tumeur dans la sous-muqueuse. Adénopathie cancéreuse.

OCCLUSION INTESTINALE PAR DIVERTICULE DE MECKEL

RÉSECTION INTESTINALE ILÉO COLOSTOMIE–GUÉRISON

Communication et présentation de pièce à la Société Anatomique de Paris (*9 juin* 1923) N° 6. P. 479.

Mlle G. G..., 21 ans, est admise dans le service du Docteur Lapointe, à Saint-Antoine, le 2 juin 1923 : occlusion intestinale datant de quatre jours.

Le début des accidents remonte au 29 mai 1923. Dans la matinée la malade a ressenti de violentes douleurs dans la fosse iliaque droite. Dans la journée, les coliques abdominales augmentent, des vomissements surviennent, l'arrêt des gaz et des matières s'établit. Les jours suivants on administre à la malade quatre purgations et quatre lavements. Le deuxième et le troisième jour, l'intolérance gastrique est absolue, les douleurs se généralisent, l'état général s'altère, la température s'élève, le pouls devient rapide, le ventre se ballonne de plus en plus. La malade est renvoyée le quatrième jour à l'hôpital.

A son entrée, on constate une altération considérable du faciès : yeux cernés, langue sèche, lèvres fuligineuses, anxiété du regard, agitation. La température est à 38°9, le pouls rapide, régulier, bat à 120-130. Les vomissements ont cessé depuis plusieurs heures, les douleurs sont moins vives qu'au début ; l'arrêt des gaz et des matières est absolu.

L'inspection de l'abdomen révèle un météorisme généralisé, sans météorisme en cadre.

La palpation est douloureuse, mais réveille peu de contracture. On trouve dans la fosse iliaque droite une masse mal limitée, de forme générale ovoïde, atteignant en bas l'arcade, en dehors le bord externe du droit, en dehors l'épine iliaque. Cette masse, immobile, est douloureuse à la pression, mate à la percussion, impossible à atteindre par le toucher vaginal et rectal.

On constate par ailleurs du tympanisme péri-ombilical et de la matité dans le flanc gauche.

Diagnostic clinique : occlusion intestinale avec réaction péritonéale.

A l'intervention, incision iliaque droite, avec section musculaire. La paroi est infiltrée de sérosité, et le péritoine, avant son ouverture, a une teinte bleutée. Quand on l'incise, un flot de sang noir s'échappe, sous pression. On remarque l'odeur fétide de cet épanchement sanguinolent.

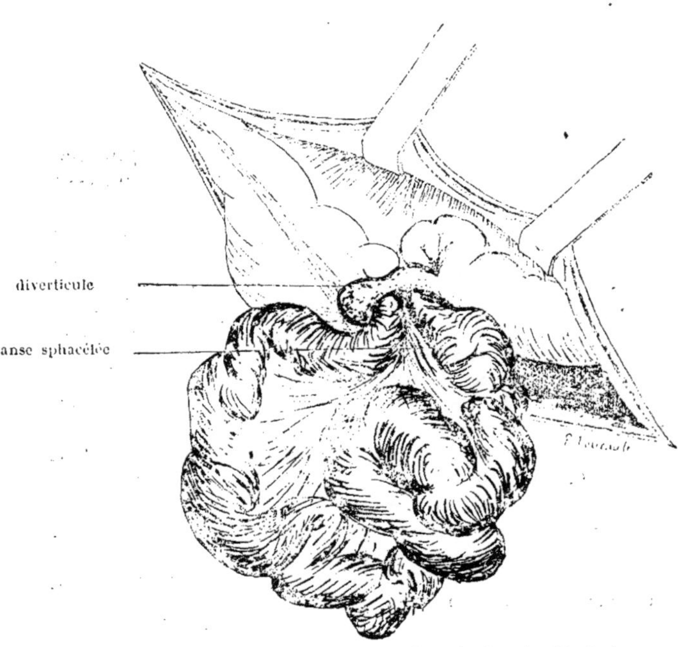

Etranglement interne par diverticule de Meckel.

L'exploration de l'abdomen permet d'extérioriser une longue anse grêle sphacélée, noire, distendue à l'extrême et prête à se rompre. Cette anse, plusieurs fois coudée, forme une sorte de W dont les deux extrémités juxtaposées sont étranglées étroitement par un lien circulaire, qui n'est autre qu'un diverticule de Meckel.

Celui-ci naît du bord libre d'une anse grêle qu'il attire et coude à angle droit au niveau de son insertion. Il se porte transversalement de gauche à droite, enjambe les deux extrémités de l'anse étranglée, se loge dans l'angle iléo-cæcal inférieur, et se perd à la face profonde du mésentère en passant en arrière de la portion terminale de l'iléon. Son calibre est irrégulier ; cylindrique à sa base, il est étranglé à sa partie moyenne, dilaté en ampoule à son extrémité et prolongé en un filum qui se perd dans le mésentère.

On le sectionne entre deux pinces ; on libère ainsi l'anse étranglée qui est représentée par les 60 derniers centimètres de l'iléon ; on remarque que l'anse afférente est, au niveau de l'étranglement, tordue sur son axe, alors que l'anse efférente est simplement coudée sur l'anse diverticulaire ; il existe là un sillon net de sphacèle. Le méso correspondant, épaissi, rigide et noirâtre contient de nombreux vaisseaux thrombosés.

On résèque entre deux clamps le grêle au-dessus du diverticule, on sectionne tout le segment mésentérique lésé, et on enlève tout le reste de l'iléon, y compris la valvule de Bauhin en pratiquant une section sur la face antéro-interne du cæcum.

Abouchement termino-latéral de l'iléon dans le cæcum. Fermeture de la paroi en un plan. Drainage.

Suites opératoires satisfaisantes ; malgré une forte réaction péritonéale, les fonctions intestinales ont repris leur cours, et l'état général s'est amélioré progressivement jusqu'à ce jour.

Au total, il s'agissait d'une occlusion intestinale aiguë, due à l'étranglement de l'iléon par un diverticule de Meckel. Celui-ci était fixé au mésentère et constituait un anneau incomplet à l'intérieur duquel l'iléon était étranglé. C'est un des mécanismes les plus fréquemment observés au cours de l'occlusion par diverticule, puisque Forgue, sur 233 cas relève 64 étranglements par diverticules fixés au mésentère. Il est fort probable que cette fixité n'était pas primitive, mais secondaire à une diverticulite.

Le diverticule, long de 8 centimètres, étiat en effet de couleur rouge foncé ; il adhérait au cæcum et à l'iléon ; à la coupe, ses parois étaient épaissis et sa cavité contenait un pus épais, crémeux, jaune verdâtre.

VOLVULUS DE L'INTESTIN GRÊLE

DÉTORSION-ILÉOSTOMIE-GUÉRISON

Communication à la Société de Médecine de la Vienne (Janvier 1926)

M... H... 28 ans, entre à l'hôpital le 21 mai 1922, porteur d'une occlusion intestinale datant de 11 jours. Météorisme abdominal considérable, teint terreux, pouls mal frappé, à 128, vomissements brunâtres, fétides. L'examen révèle l'existence d'une masse douloureuse difficile à délimiter, siègeant à gauche de la ligne médiane, dans la fosse iliaque gauche. On fait le diagnostic de volvulus du colon sigmoïde.

Après injection de sérum et de toni-cardiaques, on pratique l'intervention. Anesthésie générale à l'éther.

Laparotomie latérale gauche. On tombe sur un paquet d'anses intestinales grêles distendues, violacées, tordues autour de l'axe mésentérique dans le sens des aiguilles d'une montre. On attire au dehors le volvulus et l'on se rend compte qu'il s'agit des 60 derniers centimètres de l'iléon. Après vérification des anses grêles, on détord le mésentère ; la coloration se modifie et l'intestin prend une légère teinte rosée. On replace l'intestin en bonne position en soulevant la paroi abdominale, et l'on pratique une fistule sur le grêle, au-dessus du volvulus.

Cette iléostomie de décharge permet de voir disparaître rapidement tous les symptômes toxémiques. Le transit intestinal se rétablit partiellement 12 jours après.

On pratique alors deux tentatives de fermeture de l'anus artificiel par voie extra-péritonéale. La dernière assure la fermeture définitive de la fistule intestinale.

Le malade, revu 3 mois après l'intervention est en très bon état. La radiographie du tube digestif ne révèle aucune sténose, ni aucun trouble du fonctionnement intestinal.

DEUX CAS D'APPENDICITE A GAUCHE

Communication à la Société de Médecine de la Vienne (Décembre 1925)

1°. — Hernie congénitale gauche chez un enfant de 6 ans. A l'ouverture du sac, on trouve l'appendice adhérent partiellement aux parois du sac ; après libération, on attire le cæcum et la terminaison du grêle. Il y avait dans ce cas défaut de torsion de l'anse intestinale, ainsi qu'on put le vérifier à la radioscopie. La question qui se pose est de savoir si, précisément, cette torsion n'avait pas été arrêtée au cours de la vie embryonnaire par l'appendice engagé puis retenu dans le canal inguinal gauche.

2° — Homme de 43 ans, ayant présenté, en juin 1925, un syndrome net d'appendicite aiguë et, plusieurs semaines après, un foyer de péritonite plastique localisé à la fosse iliaque gauche, avec accidents d'occlusion intestinale. Malgré les antécédents, on pense à une sigmoïdite et l'on pratique une laparotomie médiane sous-ombilicale.

Il s'agissait bien, en réalité, d'une appendicite. L'appendice, extrêmement long (20 centimètres), était tendu transversalement d'une fosse iliaque à l'autre, en passant devant le promontoire. Son extrémité libre était en pleine fosse iliaque gauche, et situé au centre d'un abcès dont les parois étaient formées par les anses intestinales grêles et sigmoïde agglutinées. Libération très laborieuse de ses anses, noyées dans un magma d'adhérences, découverte de l'appendice, appendicectomie.

Suites opératoires simples, malgré une fistule stercorale qui guérit spontanément 2 mois après.

TUBERCULOME CŒCAL

Communication à la Société de Médecine de la Vienne (Décembre 1925)

Femme de 37 ans, ayant présenté en juin 1925 une collection suppurée de la fosse iliaque droite, accompagnée de phénomènes fébriles, et ayant nécessité une incision avec ouverture de l'abcès, par voie rétropéritonéale. L'exploration de la poche ne donnant aucun renseignement étiologique précis, on assigne à cet abcès une origine probablement appendiculaire.

Trois mois après, apparition de phénomènes d'occlusion intestinale, en même temps que l'on constate la présence d'une tumeur dure, immobile, un peu douloureuse, dans la fosse iliaque droite. L'examen radiographique révèle une déformation nette de l'image du cæco-colon.

A l'intervention, on découvre une grosse masse bosselée, extrêmement dure, complètement fixée au plancher de la fosse iliaque droite, inextirpable. Le grêle est très distendu, le gros intestin aplati ; il n'existe ni ascite, ni adénopathie iléo-cæcale. Le diagnostic reste hésitant entre celui de tuberculose cæcale et celui d'actinomycose cæcale.

La résection étant impossible, on pratique l'iléosigmoïdostomie. Les accidents menaçants d'occlusion ont disparu le jour même de l'intervention. La tumeur a régressé les mois suivants sous l'influence de l'héliothérapie artificielle et des rayons ultra-violets.

L'examen histologique d'un fragment de la tumeur révèle les caractères d'un tuberculome.

PSEUDO-KYSTE TRAUMATIQUE DU PANCRÉAS

LAPAROTOMIE DRAINAGE-GUÉRISON

Bulletins et Mémoires de la Société de Chirurgie (28 *Février* 1925, n° 7, p. 202).

Lav..., cultivateur, 26 ans, voit survenir, douze jours après un coup de pied de cheval reçu dans la région épigastrique, des douleurs abdominales intenses, avec des vomissements alimentaires puis bilieux. Le quinzième jour ces phénomènes se sont accentués, et l'on constate la présence d'une masse volumineuse, indurée, immobile, siégeant dans le creux épigastrique, à droite de la ligne médiane, séparée du foie par un sillon perceptible, et encadrée à gauche par la zone de clapotage de l'estomac et en bas par le tympanisme du colon transverse.

Diagnostic : Hématome enkysté du pancréas. L'opération est pratiquée le jour même.

Sous anesthésie à l'éther, incision en équerre à branche droite.

On trouve dans l'aire pancréatico-duodénale une masse arrondie masquant le duodénum, ceinturée à son point culminant par le colon transverse et son méso. Après protection soignée de l'abdomen, on incise la poche en passant dans une aire dépourvue de vaisseaux. Le contenu s'en échappe avec force. Après examen, on reconnut qu'il était constitué par un mélange de sang et de suc pancréatique. La poche est étanchée. On constate qu'elle ne présente aucune paroi propre. On la draine au moyen d'un tube de caoutchouc et de deux mèches et on referme la paroi.

Suites très simples : Quatre jours après l'opération on retire le drain. A ce moment une fistule pancréatique s'établit, d'abord très abondante (plus d'un litre par jour) mais qui, sous l'influence du régime antidiabétique de Wohlgemuth, diminue rapidement, au point que, 20 jours après l'opération, l'opéré sort complètement guéri de la maison de santé.

Revu deux mois après, le malade se trouvait toujours en excellent état.

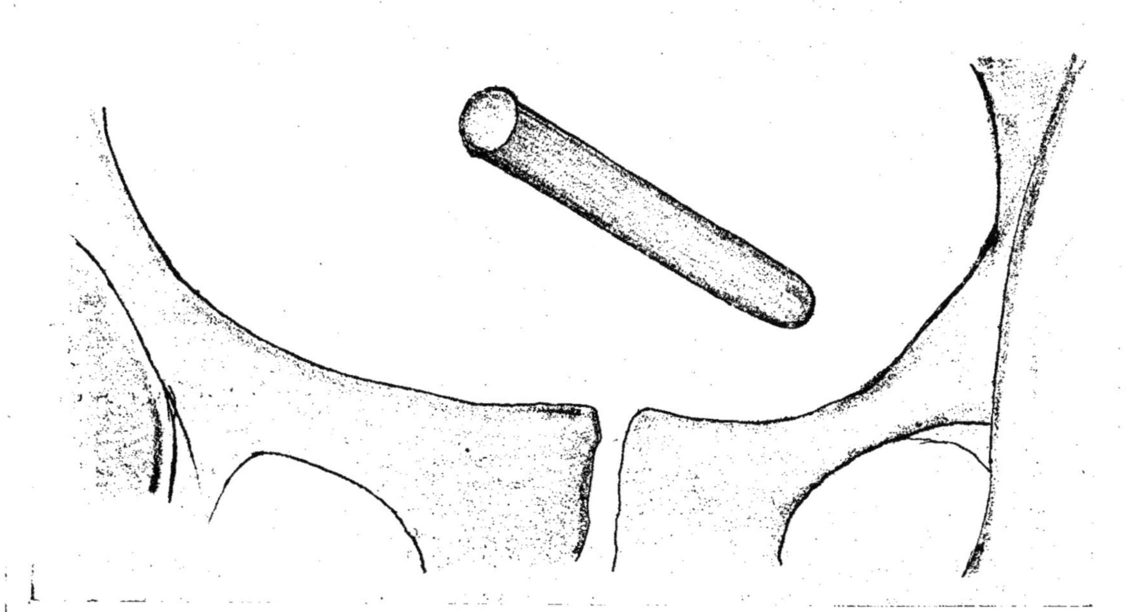

D'après cliché Dr PÉROCHON.

Radiographie du corps étranger dans la vessie.

VOLUMINEUX CORPS ETRANGER VESICAL

Communication et présentation de pièce
à la Société de Médecine de la Vienne
(Septembre 1925)

Homme de 52 ans, ayant présenté pendant deux ans des phénomènes de corps étranger vésical, avec cystite purulente, sans colique néphrétique préalable. Le toucher rectal, la radiographie décèlent la présence d'un volumineux corps étranger métallique que les aveux du malade permettent d'identifier. Il s'agit d'un tube de cuivre, de 10 cm. de longueur et de 9 mm. de diamètre, formant le protège-pointe d'un crayon que l'homme s'introduisait dans l'urètre. Malgré les dimensions du tube, et sa rigidité, celui-ci a pu traverser les zones rétrécies de l'urètre, franchir la courbure pelvienne, et être avalé par l'urètre postérieur.

Corps étranger (grandeur naturelle).

Cystostomie et extirpation, par voie sus-pubienne, du corps étranger incrusté de sels calcaires. Secondairement, grands lavages de vessie, ayant permis la cicatrisation spontanée, en 4 semaines, de la plaie opératoire, malgré les menaces d'un phlegmon de la paroi.

Revu un mois après, complètement guéri.

TORSION DE L'HYDATIDE SESSILE DE MORGAGNI ET DU CORDON SPERMATIQUE

RÉSECTION DE L'HYDATIDE — DÉTORSION DU CORDON

Bulletins et Mémoires de la Société de Chirurgie. Rapport du Dr Mouchet, *n°* 13, 11 *avril* 1925, *p.* 423.

Chau... Louis, onze mois, est pris brusquement dans dans la matinée du 14 juillet 1924 de douleurs dans la région inguinale gauche.

Le 15 juillet surviennent des vomissements, du météorisme abdominal et de l'arrêt des matières et des gaz. On l'examine dans la soirée. On constate dans l'aine gauche, au niveau de l'anneau inguinal, une masse du volume d'une noix, bosselée, ou plutôt bilobée, très douloureuse, dure, immobile, irréductible, et ne subissant pas l'impulsion de la toux. Cette masse n'a ni la forme ni la consistance habituelle des hernies étranglées ; de plus, fait capital : le testicule manque dans la bourse correspondante.

On fait le diagnostic de torsion du cordon spermatique avec étranglement testiculaire.

L'opération est pratiquée immédiatement. Anesthésie à l'éther. A l'incision, on constate :

1° Une torsion complète, supra-vaginale, du cordon spermatique, à sa sortie du canal inguinal ; la torsion, de 180°, s'est faite dans le sens des aiguilles d'une montre ; les veines du cordon sont thrombosées, le testicule et l'épididyme sont violacés ; la vaginale contient un peu de sérosité hémorragique.

2° En outre, appendu au pôle supérieur du testicule, une hydatide sessile de Morgagni volumineuse, (une noisette) noirâtre, dont le pédicule est tordu sur lui-même de deux tours, dans le sens des aiguilles d'une montre.

On détord le cordon ; le testicule change assez rapidement de teinte, et tend à reprendre une coloration normale. Par contre, la détorsion de l'hydatide n'amène aucun changement de coloration ; on la lie et on la réséque.

On fixe le testicule au fond du scrotum correspondant ; résection du sac herniaire qui communique largement avec la vaginale. Fermeture de la paroi en trois plans.

L'enfant est revu trois mois après, en excellent état ; le testicule est en bonne place, non atrophié.

RUPTURE DE GROSSESSE TUBAIRE INTERSTITIELLE

Présentation de pièce à la Société de Médecine de la Vienne (12 décembre 1924).

Femme de 25 ans, ayant présenté 3 semaines après l'arrêt de ses règles des signes graves d'hémorragie interne. A l'intervention, pratiquée le 10 novembre 1924, on trouve une rupture de la corne gauche de l'utérus, au niveau de la portion interstitielle de la trompe gauche. La perforation lenticulaire siégeait sur le versant postérieur de la corne utérine légèrement augmentée de volume, et avait donné lieu à une hémorragie très abondante.

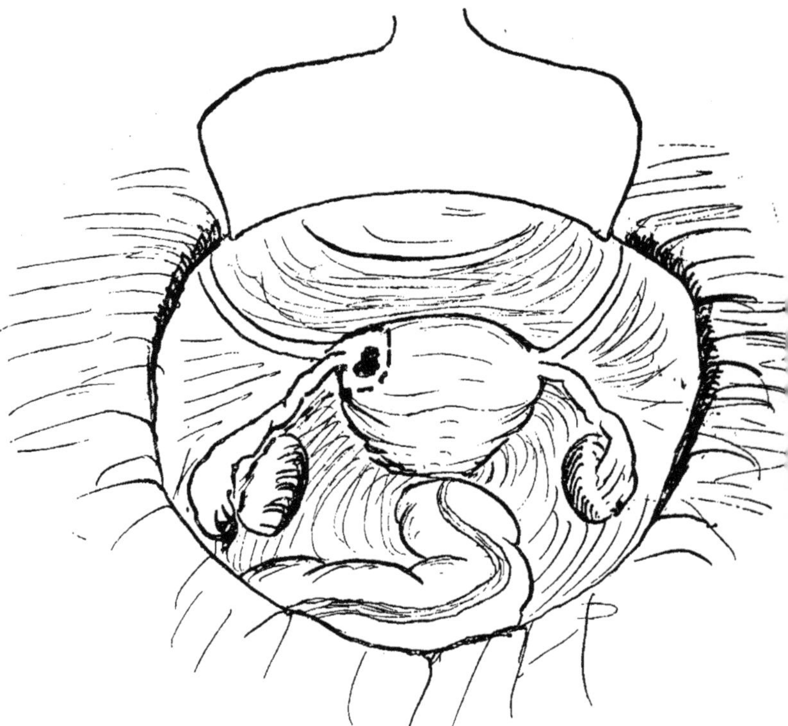

Rupture de grossesse tubaire interstitielle.
(le pointillé indique la portion reseqnée).

On dut lier l'extrêmité supérieure de l'a-utérine, faire une résection cunéiforme de l'angle gauche de l'utérus, et enlever la trompe gauche.

Guérison sans incident.

KYSTES DU VAGIN
AU COURS DE LA GROSSESSE

EXTIRPATION — GUÉRISON

Communication à la Société de Médecine de la Vienne (11 *juillet* 1924).

1° Primipare de 25 ans ayant présenté au 8e mois de sa grossesse un volumineux kyste du vagin faisant saillie à la paroi latérale droite du vagin, et se prolongeant par son pédicule dans le ligament large droit.
Ouverture et dissection du kyste ; guérison.

2° Primipare de 27 ans, ayant présenté au 7e mois de sa grossesse un kyste du vagin refoulant la paroi droite du vagin, et faisant issue hors de la vulve.
Dissection et extirpation du kyste à 8 mois 1/2, guérison sans incident.

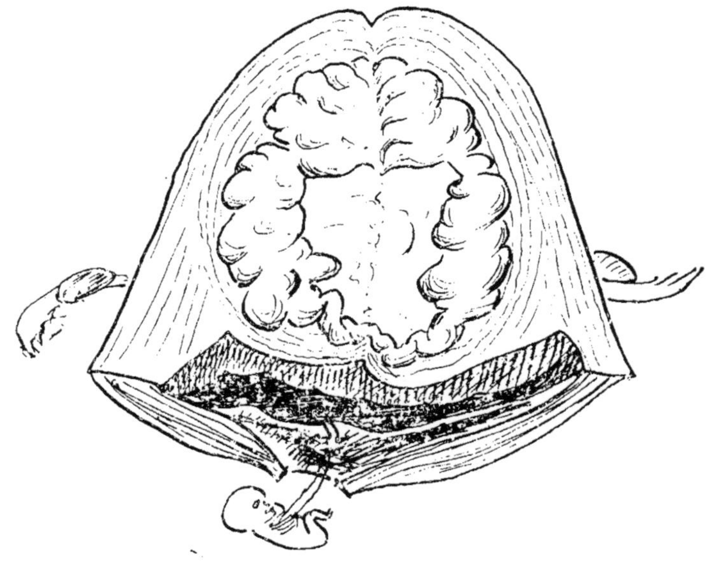

Fibrome suppuré au cours de la grossesse.

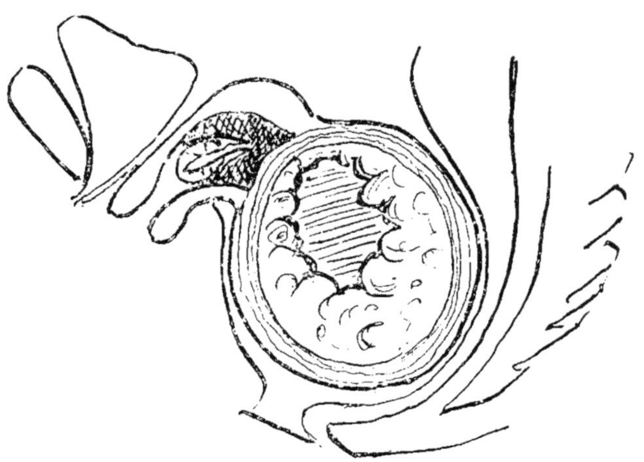

Coupe schématique.

FIBROME SUPPURÉ
AU COURS DE LA GROSSESSE

Communication et présentation de pièce à la Société de Médecine de la Vienne Juillet 1925).

Une femme de 47 ans entre le 25 Mai 1925 à la Clinique, présentant depuis plusieurs mois des métrorragies et depuis plusieurs jours des pertes fétides séro-sanguinolentes avec débris de membranes. On note par ailleurs des symptômes d'occlusion intestinale, de la rétention d'urine, des phénomènes fébriles (39,5) et une altération profonde du faciès et de l'état général.

Le toucher révèle l'existence d'un col utérin ramolli et béant, et d'une grosse tumeur médiane arrondie, dure, immobile dans le Douglas, faisant corps avec l'utérus qui est difficilement perçu derrière le pubis.

On fait le diagnostic de fibrome enclavé du petit bassin coexistant avec une grossesse de deux mois en voie d'avortement.

Intervention pratiquée le 26 mai. Anesthésie générale à l'éther. Laparotomie médiane sous-ombilicale. Hysterectomie abdominale subtotale, la myomectomie étant jugée impossible et inutile. Drainage ; guérison en trois semaines sans incidents.

L'examen de la pièce révèle l'existence d'un volumineux fibrome dégénéré, creusé en son centre d'une vaste cavité purulente fétide. Dans la cavité utérine très réduite, on trouve un placenta décollé et un fœtus macéré.

MOLE HYDATIFORME

Communication à la Société de Médecine de la Vienne (Janvier 1926).

Mme F., 23 ans, vient consulter pour un arrêt de règles datant de dix mois et demi, et pour une hydrorrhée abondante et fétide. Cette femme, qui n'a pas eu d'enfants, a présenté pendant les trois premiers mois tous les symptômes habituels de la grossesse : vomissements, augmentation du volume de l'abdomen et des seins. A partir du troisième mois, les vomissements cessent, l'abdomen n'augmente plus de volume ; plus tard, les mouvements actifs n'apparaissent pas ; enfin, au 9e mois, il ne se produit aucun début de travail.

Aucune métrorragie au cours de ces dix mois, aucune expulsion de caillots, de membranes ou de vésicules ; pas de modifications de l'état général.

L'examen pratiqué permet de constater l'existence d'un gros utérus, régulier, mobile, et dont le fond remonte à un travers de doigt au-dessous de l'ombilic. Le col n'est ni ramolli, ni entr'ouvert ; on ne perçoit enfin aucun signe d'origine fœtal.

Devant ce syndrome, on décide de pratiquer l'évacuation du contenu de l'utérus.

Le 27 août 1925, sous anesthésie générale, on procède à une dilatation du col pour procéder à un curage digital. La dilatation, aux bougies de Hégar, s'obtient très difficilement, et il est impossible au doigt de franchir l'orifice interne du col.

La curette introduite alors ramène une grappe de vésicules caractéristiques. On procède au curettage soigneux et complet de toute la cavité utérine, qui est trouvée remplie de vésicules dont quelques-unes sont volumineuses, et de vestiges de placenta. On ne trouve aucune trace d'embryon.

Suites opératoires simples : involution utérine normale, disparition de l'hydrorrhée.

Le femme est surveillée depuis 6 mois ; aucun symptôme anormal n'ayant été observé, l'hystérectomie totale n'a pas été pratiquée.

LITHIASE SALIVAIRE

Communication et présentation de pièce.
Société de Médecine de la Vienne (Juillet 1925).

M. C..., 52 ans, fumeur, présente depuis 15 jours une tuméfaction volumineuse, dure, douloureuse, et adhérente de la glande sous-maxillaire gauche, faisant saillie sous le plancher de la bouche. Adénopathie carotidienne, otalgie, névralgies dentaires. On pense à une tumeur de la glande sous- maxillaire.

Intervention pratiquée le 15 juin 1925 : anesthésie générale à l'éther.

Extirpation par voie sous-maxillaire des ganglions, de la glande, considérablement augmentée de volume, et du canal de Wharton. Dans le prolongement antérieur de la glande, et à l'origine du canal, on trouve un volumineux calcul, ovoïde, en forme de noyau de datte, long. de 15 mm., épais de 6.

Tamponnement à la gaze de la plaie opératoire, fermeture de la peau.

La muqueuse du plancher buccal n'ayant pas été ouverte, la guérison s'opère en 15 jours, sans incident.

L'examen histologique de la glande ne révèle que des lésions inflammatoires banales.

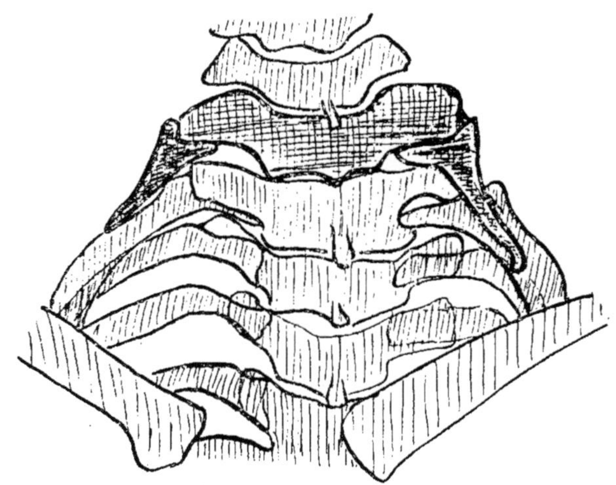

D'après cliché Dr PÉROCHON.

Côtes cervicales supplémentaires et dorsalisation
de la 7e cervicale.

UN CAS DE COTES CERVICALES COEXISTANT AVEC UNE DORSALISATION DE LA 7ᵐᵉ VERTÈBRE CERVICALE

Bulletins et Mémoires de la Société de Chirurgie, 5 novembre 1924, n° 27, p. 980, *rapport de M. Mouchet, avec radiographie.*

Une femme de 52 ans est opérée le 22 avril 1924 d'hystérectomie totale pour fibrome. Le lendemain apparaissent des troubles parétiques dans le bras droit qui se localisent dans la sphère du cubital. Ces troubles attirent l'attention du côté du creux sus-claviculaire où l'on constate la présence d'une saillie dure, légèrement douloureuse. Une radiographie pratiquée trois semaines après révèle l'existence d'une malformation de la 7ᵉ cervicale (hypertropie des apophyses transverses) et la présence de côtes cervicales bien développées des deux côtés, surtout à droite, où la côte à base élargie, et à extrémité effilée, recourbée en crochet, rappelle l'aspect d'un bec de bécasse.

On peut admettre que les troubles parétiques, qui ultérieurement disparurent complètement, sont dus à la compression d'une branche du plexus brachial par la côte supplémentaire ; celle-ci avait été parfaitement tolérée jusqu'au moment où elle avait été déviée par l'épaulière lors du placement de l'opérée en position renversée.

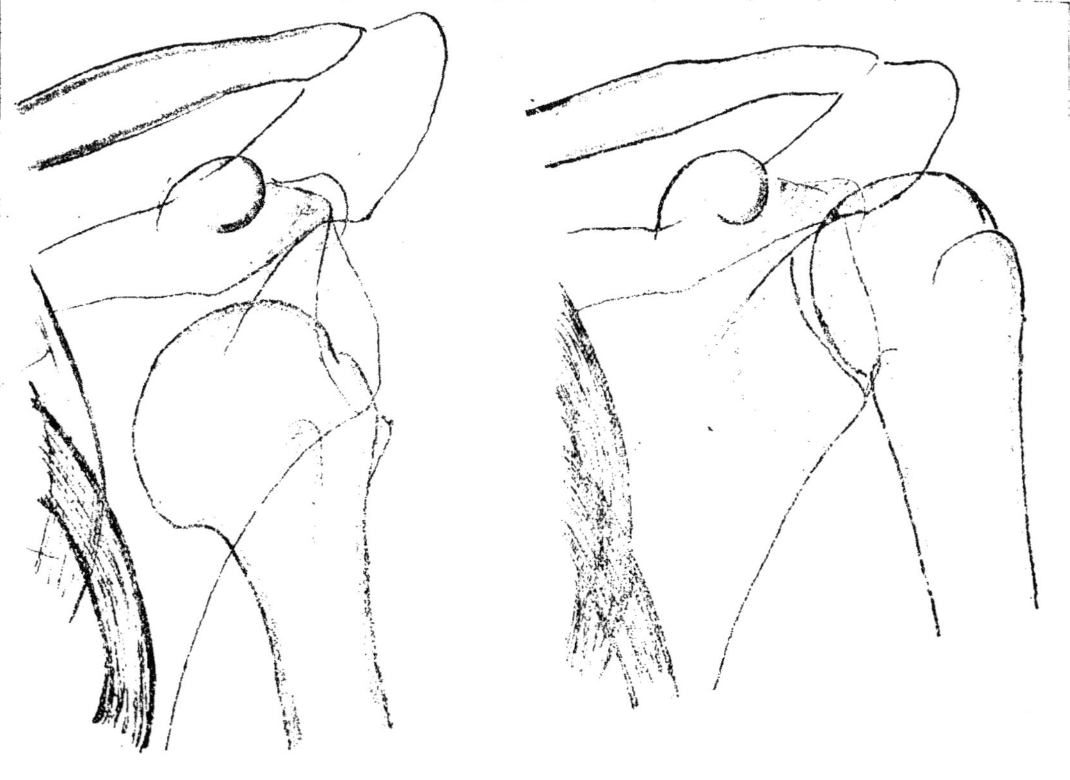

D'après cliché Dr PÉROCHON.

LUXATION ANCIENNE DE L'ÉPAULE

REPOSITION SANGLANTE - BON RÉSULTAT FONCTIONNEL

Communication à la Société de Médecine de la Vienne (Janvier 1926)

Homme de 42 ans, cultivateur, ayant présenté une luxation antéro-interne de l'épaule gauche, variété sous-caracoïdienne, huit mois auparavant. La luxation n'a pas été réduite. Grosse déformation de l'épaule, amyotrophie considérable, impotence fonctionnelle absolue du membre supérieur gauche avec douleurs névritiques intolérables.

Intervention le 2 décembre 1925.

Reposition sanglante par le procédé de Bazy.

La tête humérale est trouvée dans un néo-cotyle, sur la face antérieure du scapulum ; la tête est en rotation externe, le sous-scapulaire est en grande partie désinséré ; les muscles rotateurs externes sont conservés, mais rétractés et appliqués contre la cavité glénoïde. Contrairement à la technique de Bazy, ce n'est pas le sous-scapulaire qu'il faut sectionner ici, mais les mucles postérieurs qui s'opposent à la réintégration de la tête. Dès que la rotation interne peut être effectuée, la tête est remise assez facilement en place. Suture musculaire et hémostase soignée.

Dès le lendemain, disparition des douleurs névritiques ; 4 semaines après l'intervention, le blessé peut se servir de son bras gauche pour travailler. Il persiste une certaine raideur articulaire, permettant cependant les mouvements d'abduction, de propulsion, et de rétropulsion du bras suivant une amplitude de 30°.

MYXO-SARCOME DE LA FESSE

Communication et présentation de pièce à la Société de Médecine de la Vienne (novembre 1925).

Mme S..., 62 ans, présnetait depuis plusieurs années une petite tumeur de la partie inférieure de la fesse droite. Brusquement, en l'espace de 15 jours, cette masse augmente de volume, provoquant une gêne pendant la marche et dans la position assise. Aucun trouble dans le territoire du nerf sciatique, pas de phénomènes de compression vasculaire, pas d'adénopathie.

Extirpation sous anesthésie générale le 16 septembre 1925.

On trouve, au-dessous du grand fessier, le long du paquet vasculo-nerveux, une grosse tumeur irrégulière de forme cylindrique, présentant des prolongements latéraux dans les interstices des pelvi-trochantériens et un prolongement inférieur, dans la gouttière ischio-trochantérienne.

La tumeur est encapsulée et se dégage assez facilement des plans musculaires avoisinants, sauf en un point qui semble être sa zone d'implantation, où elle adhère à la gaîne du nerf sciatique.

Dissection aussi complète que possible de la tumeur sans qu'il soit besoin de toucher au nerf sciatique.

Examen de la pièce : la tumeur est formée d'une série de logettes irrégulières, à contenu mucoïde. Au microscope, tissu sarcomateux typique.

PSOITIS MÉTAPNEUMONIQUE

Communication à la Société de Médecine de la Vienne
(13 *Juin* 1924)

Homme de 73 ans, ayant présenté au décours d'une pneumonie gauche une vaste collection purulente située dans la loge du psoas gauche, et pointant dans le triangle de Scarpa. Etat général grave ; fièvre élevée à 40°2, délire. La fluctuation apparaissant plus nettement à l'angle externe du triangle, on pratique en dehors des vaisseaux fémoraux, sur la face antérieure de la cuisse, une incision verticale permettant la large ouverture du foyer purulent.

L'examen du pus permet de constater la présence de pneumocoques et de rattacher à la maladie initiale cette complication rarement signalée.

LES DONNÉES ACTUELLES SUR LE TRAITEMENT DE L'OSTÉOMYÉLITE DES ADOLESCENTS

Rapport présenté à la Société de Médecine de la Vienne le 11 juillet 1924

De l'analyse de 21 cas personnels, et des observations récemment publiées, il résulte que la vaccination doit toujours être associée à l'acte chirurgical, mais qu'elle ne peut le suppléer. Les auto-vaccins sont supérieurs aux stocks-vaccins, d'où la nécessité de commencer par l'opération, et de prélever aseptiquement le pus ; cette méthode permet d'une part de donner issue au pus, de vérifier la lésion osseuse et de nettoyer le foyer ; d'autre part, d'identifier le germe pathogène, de l'isoler et de permettre la préparation d'un vaccin spécifique.

Si cette méthode ne paraît pas améliorer beaucoup le pronostic, des formes septicémiques, par contre, elle semble hâter la guérison des formes aigües, et s'opposer au passage à la chronicité.

OSTEOMYELITE COSTALE

Communication et présentation de pièce à la Société de Médecine de la Vienne (8 mai 1925).

Enfant de 5 ans ayant fait une broncho-pneumonie gauche, puis 2 semaines après ayant présenté une tuméfaction douloureuse au niveau de l'extrémité antérieure de la 10e côte gauche. Diagnostic : ostéo-myélite costale. Opération pratiquée six semaines après le début des accidents osseux. On trouve un sequestre de 5 cm. de long, provenant du bord inférieur de la côte lésée. Résection costale sous-périostée ; désinfection du foyer. Auto-vaccination, guérison rapide.

OSTEOSYNTHÈSES

Présentation de radiographies à la Société de Médecine de la Vienne (juin 1925).

I. — Fracture de l'olécrane

Fracture de l'olécrane survenue chez une jeune femme de 28 ans, à la suite d'une chute sur le coude gauche, le 23 juillet 1924.

Volumineux hématome permettant cependant de percevoir les fragments fracturés et d'apprécier leur écartement (2 cm).

Intervention le 27 juillet.

Incision verticale rétro-olécranienne ; évacuation des caillots, vissage du fragment supérieur dans la diaphyse cubitale.

Les mouvements passifs sont commencés dès le troisième jour. Le 8e jour, la mobilité active et passive du coude est complète et l'impotence fonctionnelle nulle.

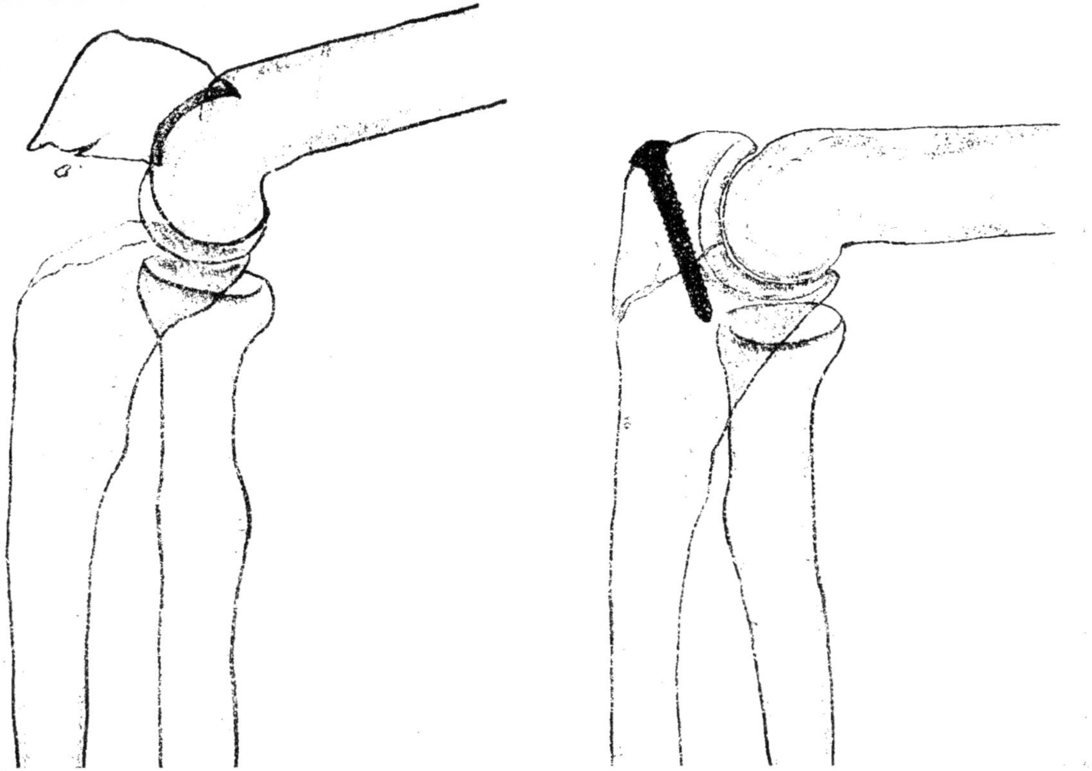

D'après cliché Dr PEROCHON.

Fracture de l'olécrane.

II. — Fracture ouverte de jambe

Fracture spiroïde du tibia gauche survenue à la suite d'une chute, le 25 décembre 1924. Les téguments sont embrochés par l'extrémité aiguisée du fragment supérieur. Déplacement assez considérable du fragment inférieur en haut en dehors et en arrière.

Intervention le 25 décembre 1924. Réduction des fragments au moyen du tracteur de Masmonteil. Cerclage des fragments au moyen de trois lames de Parham.

Bon résultat fonctionnel. La prothèse métallique est jusqu'ici bien tolérée.

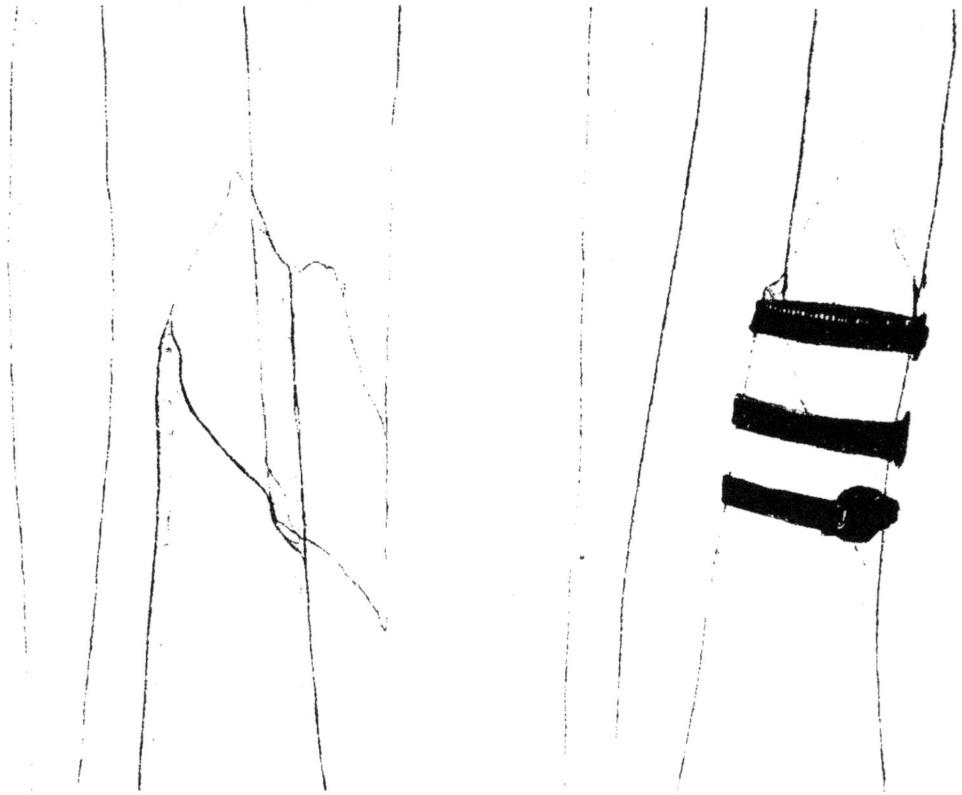

D'après cliché Dr PEROCHON.

Fracture ouverte de jambe.

III. — Fracture ouverte du cou-de-pied, avec luxation externe du pied

Femme de 52 ans, obèse, qui à la suite d'un faux pas dans un escalier, présente une fracture ouverte de Dupuytren avec luxation externe du pied. Le pilon tibial amputé de sa malléole, fait saillie hors de la plaie sur une longueur de 4 cm. environ.

Intervention le 14 novembre 1924, 3 heures après l'accident.

Débridement et épluchage de la plaie ; nettoyage de l'articulation tibio-tarsienne. On essaie de réduire la luxation du pied ; celle-ci est obtenue facilement, mais se reproduit aussitôt (rôle probable du péroné faisant ressort).

On pratique alors le visage de la malléole interne qui est ainsi fixée solidement au pilon tibial.

La réduction est ainsi complètement maintenue sans appareil plâtré.

Suites bonnes ; une légère suppuration s'établit pendant les jours suivants et cède aux instillations de Dakin. Les mouvements actifs sont repris 15 jours après l'intervention.

La malade sort six semaines après son accident, ayant recouvré la presque totalité des mouvements du cou-de-pied.

Revue 6 mois après. Le fonctionnement de l'articulation est satisfaisant. La prothèse métallique est bien tolérée.

———

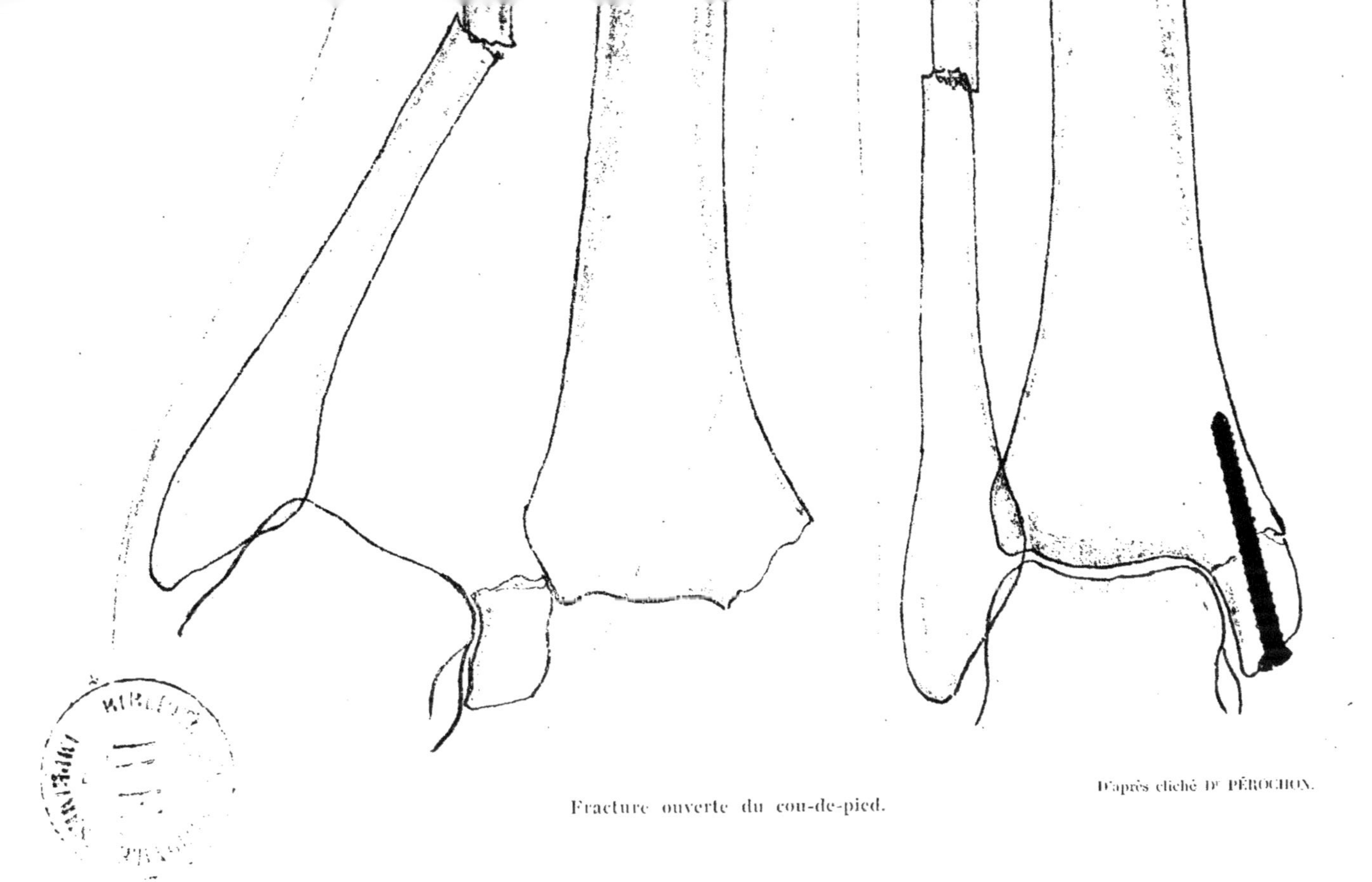

D'après cliché Dr PÉROCHON.

Fracture ouverte du cou-de-pied.

www.ingramcontent.com/pod-product-compliance
Ingram Content Group UK Ltd.
Pitfield, Milton Keynes, MK11 3LW, UK
UKHW020244180726
13839UKWH00001B/171